WELLINGTON VE KABUKTA GURME SANATI

100 Zarif Kaplamalı Yemek İçin Mükemmel Yemek Kitabı

Fatma Özdemir

Telif Hakkı Malzemesi ©2023

Her hakkı saklıdır

Bu kitabın hiçbir bölümü, incelemede kullanılan kısa alıntılar dışında, yayıncının ve telif hakkı sahibinin uygun yazılı izni olmadan, hiçbir şekilde veya yöntemle kullanılamaz veya aktarılamaz . Bu kitap tıbbi, hukuki veya diğer profesyonel tavsiyelerin yerine geçmemelidir .

İÇİNDEKİLER

- İÇİNDEKİLER 3
- GİRİİŞ 6
- **WELLINGTON** 7
    1. Klasik Sığır Wellington 8
    2. Somon Wellington 10
    3. Sığır Eti ve Musnhroom Wellington 12
    4. Spam Wellington 14
    5. Mini Sığır Wellington 16
    6. Köfte Wellington 18
    7. Tavuk Wellington 20
    8. Ördek Wellington 22
    9. Kuzu Wellington 24
    10. Deniz Mahsülleri Wellington 26
    11. Körili Maymunbalığı Wellington 28
    12. Geyik Eti Wellington 30
    13. Ispanaklı ve Kestane Mantarlı Dana Wellington 32
    14. Yaban Havucu ve Porcini Wellington 34
    15. Vegan Mantar Wellington 36
    16. Vegan Miso Mantarı, Kabak ve Kestane Wellington . 38
    17. Karnabahar Wellington 41
    18. Kınoa ve Bıtkı Doldurmalı Kuzu Wellingtons 43
    19. Bireysel Sığır Wellingtonları 45
    20. Mini Dana ve Prosciutto Wellington 47
    21. Kıyma Wellington 49
    22. Creole Mantar Karışımlı Sığır Wellington 51
    23. Sous Vide Sığır Wellington 54
    24. Dana Wellington Turtası 57
    25. Sığır Wellington Lokmaları 60
    26. Zavallı Adamın Sığır Eti Wellington 62
    27. Köfte Wellington 64
    28. Hava Fritözü Kıyma Wellington 67
    29. Karnabahar, Salatalık ve Turp ile Çıpura Wellington . 69
    30. Teksas Usulü Sığır Wellington 71
    31. Sebze Wellington 73
    32. Jackalope Wellington 75
    33. İtalyan Sığır Wellington 77
    34. Sebzeli Mercimek Wellington 80
    35. Portobello, Pekan ve Kestane Wellington 83
    36. Domuz Eti Wellington 86
    37. Izgara Dana Wellington 89
    38. İncir ve Adaçayı Türkiye Wellington 92
    39. Mavi Peynir ve Sığır Wellington 95

40. Fırında Puf Böreği ile Domuz Eti Bonfile 98
TR CROÛTE 100
   41. Puf Böreğinde Belçika Somonu 101
   42. Seitan En Croute 104
   43. Tavuk ve Mantar En Croûte 106
   44. Sebzeli Croûte 108
   45. Sığır Eti ve Mavi Peynir Croûte 110
   46. Ispanak ve Feta En Croûte 112
   47. Ratatouille En Croûte 114
   48. Karides ve Kuşkonmaz En Croûte 116
   49. Elma ve Brie En Croûte 118
   50. Çörek 120
   51. Rustik Pâté ve Croûte 122
   52. Filet de Boeuf en Croûte 125
   53. Ördek Pâté en Croûte 128
   54. Tavuk ve Salamlı, İsviçre ve Mavi Peynirli Croûte 131
   55. Hava Fritözü Somon ve Croûte 134
   56. Nepal Gökkuşağı Alabalığı ve Croûte 136
   57. Nar Brie en Croûte 139
   58. Pısı Balığı ve Tarhun Limon Kremalı Croûte 141
   59. Okyanus Alabalığı Coulibiac en Croûte 144
   60. Mangolu Tavuk ve Croûte 147
   61. Caprese En Croûte 149
   62. Pesto Karides ve Croûte 151
   63. Balkabağı ve Adaçayı Tr Croûte 153
   64. İncir ve Keçi Peyniri Tr Croûte 155
   65. Mantar ve Trüf Yağı Croûte 157
   66. Tatlı Patates ve Beyaz Peynir Croûte 159
   67. Prosciutto sarılı Kuşkonmaz En Croûte 161
STRUDELLER 163
   68. Yeşil Elma Soslu Kızarmış Domuz Strudel 164
   69. Tavuk ve Andouille Strudels 166
   70. İki Soslu Kerevit Strudel 168
   71. Dereotu ile Doyurucu Somon Strudel 171
   72. Kuzu ve Kurutulmuş Domatesli Strudel 174
   73. Fas Sebzeli Strudel 177
   74. Somon Füme & Brie Strudel 180
   75. Füme Alabalık ve Izgara Elmalı Strudel 183
   76. Yabani Mantarlı Turta 185
   77. Karaciğer Turtası 188
   78. Etli Turta 190
   79. Patlıcan-Domatesli Strudel 193
   80. Kıymalı Kabak Strudel 196

81. SIĞIR ETİ VE BROKOLİ TURTASI 199
82. SOSİS VE MANTARLI TURTALAR 202
83. MANTAR VE KABAK STRUDEL 205
84. MANTARLI TURTA 208
DAHA FAZLA KAPALI YEMEK.. 210
85. PEYNİR VE MANTAR DOLGULU BONFİLE KRUTALARI 211
86. VİSKİ SOSİS RULOLARI 214
87. MANGO VE SOSİS FIRILDAKLAR 216
88. TON BALIKLI PUF BÖREĞİ FIRILDAKLAR 218
89. HAMAKTA KÜÇÜK DOMUZLAR 221
90. PUF BÖREĞİ SOSİS RULOLARI 223
91. MILFÖY BÖREĞİ ILE OTLU DANA YAHNI 225
92. HARİSSA YOĞURTLU KUZU SOSİSLİ RULO 228
93. LÜBNAN USULÜ ÇÖMLEK BÖREĞİ 230
94. SEBZELİ TURTA 232
95. ISPANAKLI VE PESTOLU AÇIK BÖREK 234
96. BUREKALAR 236
97. BIFTEK TURTASI 239
98. AVUSTRALYA N PIE FLOATER 241
99. BİFTEK VE SOĞANLI TURTA 244
100. JAMBONLU VE PEYNİRLİ PUFLAR 247
ÇÖZÜM 249

GİRİİŞ

En'in Gurme Sanatı" ile birleştiren bir mutfak yolculuğuna çıkın Croûte" Bu yemek kitabı sizi, lezzetlerin enfes hamur işi katmanlarıyla kaplandığı , sıradanlığı aşan mutfak şaheserleri yarattığı zarif kaplı yemeklerin dünyasını keşfetmeye davet ediyor . Titizlikle seçilmiş 100 tarifle bu koleksiyon, zamansız ve sofistike bir kutlamadır. Wellington ve En sanatı Croute .

Her yemeğin görsel bir gösteri, dokuların bir senfonisi ve damağı büyüleyen bir lezzet patlaması olduğu bir yemek deneyimi hayal edin. "WELLINGTON VE KABUKTA GURME SANATI", ister cömert bir akşam yemeği partisine ev sahipliği yapıyor olun , ister konukları etkilemeyi hedefliyor olun, ister sadece evde kaliteli yemekler hazırlamanın zevkini yaşayın, bu mutfak harikalarını yaratmanız için rehberinizdir .

Klasik Beef Wellington'dan yaratıcı vejetaryen seçeneklere kadar bu yemek kitabı, her zevke ve duruma hitap eden çok çeşitli tarifler sunarak, kapalı yemeklerin çok yönlülüğünü araştırıyor. İster deneyimli bir şef, ister mutfak becerilerinizi geliştirmeye istekli bir ev aşçısı olun , bu tarifler kaplama sanatının gizemini açığa çıkarmak ve sofranıza gurme zarafetini getirmek için tasarlanmıştır.

İnce hamur işlerinin katmanlarını çözerken, lezzetli dolguları ortaya çıkarırken ve mutfak zarafetinin dünyasına dalarken bize katılın. " WELLINGTON VE KABUKTA GURME SANATI"sadece bir yemek kitabı değil; mutfağınızı gurme sanatı için bir tuvale dönüştürmeye davettir. Öyleyse önlüğünüzü giyin, bıçaklarınızı bileyin ve mutfak şaheserinin ortaya çıkmasına izin verin .

WELLINGTON

1.Klasik Sığır Wellington

İÇİNDEKİLER:
- 2 lb. dana bonfile
- 2 yemek kaşığı zeytinyağı
- Tatmak için biber ve tuz
- 1 lb mantar, ince doğranmış
- 4 yemek kaşığı Dijon hardalı
- 8 dilim jambon
- Milföy hamurları

TALİMATLAR:
a) Fırını önceden 425°F'ye (220°C) ısıtın.
b) Eti zeytinyağı, tuz ve karabiberle ovun.
c) Eti sıcak bir tavada her tarafı kızarana kadar kızartın.
ç) Nem buharlaşana kadar mantarları bir tavada birleştirin.
d) Sığır etini hardalla fırçalayın, jambonla ve ardından mantar karışımıyla kaplayın.
e) Milföy hamurunu açın ve sığır eti kenarlarını kapatacak şekilde sarın.
f) 25-30 dakika veya altın rengi kahverengi olana kadar pişirin.

2.Somon Wellington

İÇİNDEKİLER:
- 1 yaprak puf böreği
- 1 lb (450 g) somon fileto, derisi alınmış
- 1/2 su bardağı (120 gr) krem peynir, yumuşatılmış
- 1/4 su bardağı (60 ml) doğranmış taze dereotu
- 2 yemek kaşığı (30 ml) Dijon hardalı
- 1 yemek kaşığı (15 ml) limon suyu
- Tuz ve biber
- 1 yumurta, dövülmüş
- Tozunu almak için un

TALİMATLAR:
a) Fırını 200°C'ye (400°F) önceden ısıtın.
b) Milföy hamurunu hafifçe unlanmış bir yüzeyde dikdörtgen şeklinde açın.
c) Bir kapta krem peyniri, doğranmış dereotu, Dijon hardalı, limon suyu, tuz ve karabiberi karıştırın.
ç) Krem peynir karışımını, 2,5 cm (1 inç) kenarlık bırakarak, puf böreğinin üzerine eşit şekilde dağıtın.
d) Somon filetoyu krem peynir karışımının üzerine yerleştirin ve hamuru, somonu tamamen kaplayacak şekilde kenarlarını kapatacak şekilde katlayın.
e) Çırpılmış yumurtayı hamurun üzerine sürün ve keskin bir bıçak kullanarak üstünü çapraz şekilde çizin.
f) 25-30 dakika veya hamur işi altın rengi kahverengi olana ve somon tamamen pişene kadar pişirin.
g) Dilimleyip servis etmeden önce 5-10 dakika soğumasını bekleyin. Eğlence!

3.Sığır eti ve Musnhroom Wellington

İÇİNDEKİLER:

- 2 yaprak milföy hamuru
- 4 adet dana bonfile
- 1/4 bardak Dijon hardalı
- 1/4 bardak doğranmış mantar
- 1/4 bardak doğranmış soğan
- 2 diş sarımsak, kıyılmış
- 2 yemek kaşığı tereyağı
- Tuz ve biber

TALİMATLAR:

a) Fırını 200°C'ye (400°F) önceden ısıtın.
b) Dana bonfile bifteklerini tuz ve karabiberle tatlandırın.
c) Bir tavada tereyağını eritip mantarları, soğanları ve sarımsakları yumuşayana kadar soteleyin.
ç) Milföy hamurunu hafifçe unlanmış bir yüzeyde açın ve üzerine Dijon hardalını yayın.
d) Dana bonfile bifteklerini hardalın üzerine yerleştirin ve mantar karışımını bifteklerin üzerine kaşıkla dökün.
e) Hamuru etin etrafına sarın ve üzerine yumurta sarısı sürün.
f) 25-30 dakika veya hamur işi altın rengi kahverengi olana kadar pişirin.

4. Spam Wellington

İÇİNDEKİLER:

- 1 (12 ons) kutu Spam, bütün (doğranmış değil)
- 1 paket milföy hamuru
- 1 yumurta, hafifçe çırpılmış (yumurta yıkamak için)
- 2 yemek kaşığı Dijon hardalı
- 1 yemek kaşığı bal
- Tatmak için biber ve tuz
- İsteğe bağlı: Tezelleme için 2 yemek kaşığı tereyağı

TALİMATLAR:

a) Fırınınızı önceden 375°F (190°C) ısıtın. Bir fırın tepsisini parşömen kağıdıyla hizalayın.
b) Küçük bir kapta, hardal sırını yapmak için Dijon hardalı, bal, tuz ve karabiberi birlikte çırpın.
c) Puf böreği tabakasını unlanmış bir yüzeyde açın.
ç) Spam'in tamamını puf böreği yaprağının ortasına yerleştirin.
d) Spam'in üstünü ve yanlarını hardal sırıyla fırçalayın.
e) tamamen kaplamak için Spam'ın üzerine katlayın. Kapatmak için kenarlara bastırın.
f) Sarılı Spam'ı hazırlanan fırın tepsisine dikiş tarafı aşağı bakacak şekilde yerleştirin.
g) Altın rengi bir görünüm elde etmek için hamurun üstünü çırpılmış yumurta ile fırçalayın.
ğ) İsteğe bağlı olarak, lezzeti ve dokuyu arttırmak için hamurun üzerine eritilmiş tereyağı sürün.
h) Spam Wellington'u önceden ısıtılmış fırında yaklaşık 25-30 dakika veya hamur kabarıp altın rengi oluncaya kadar pişirin.
ı) Wellington'u fırından çıkarın ve dilimlemeden önce hafifçe soğumasını bekleyin.
i) Bu zarif ve lezzetli Spam Wellington'u eşsiz ve etkileyici bir yemek olarak servis edin!

5.Mini Sığır Wellington

İÇİNDEKİLER:
- 1 kiloluk dana bonfile, küçük madalyonlar halinde kesilmiş
- Tatmak için biber ve tuz
- 2 yemek kaşığı zeytinyağı
- 1 yemek kaşığı Dijon hardalı
- 1 paket (17,3 ons) puf böreği, çözülmüş
- 1 yumurta, çırpılmış (yumurta yıkamak için)
- İsteğe bağlı: Daha fazla lezzet için mantarlı duxelles (mantar karışımı)

TALİMATLAR:
a) Fırınınızı 200°C'ye (400°F) önceden ısıtın.
b) Sığır madalyonlarının her tarafını tuz ve karabiberle tatlandırın.
c) Sıcak bir tavada, zeytinyağını orta-yüksek ateşte ısıtın.
ç) Sığır madalyonlarının her iki tarafını da kızarana kadar yaklaşık 1-2 dakika kızartın. Ateşten alın ve bir kenara koyun.
d) Milföy hamurunu hafifçe unlanmış bir yüzeyde yaklaşık 1/4 inç kalınlığa kadar açın.
e) Milföy hamurunu, sığır eti madalyonlarını kaplayacak kadar büyük kareler veya dikdörtgenler halinde kesin.
f) İsteğe bağlı: Daha fazla lezzet için her bir puf böreği parçasının üzerine ince bir tabaka Dijon hardalı veya mantarlı duxelles sürün.
g) Her bir puf böreği parçasının ortasına kurutulmuş dana madalyonunu yerleştirin.
ğ) Puf böreğinin kenarlarını sığır etinin üzerine katlayın ve tamamen kapatın.
h) Sarılı Wellington sığır etini, parşömen kağıdıyla kaplı bir fırın tepsisine, dikiş tarafı aşağı bakacak şekilde yerleştirin.
ı) Altın rengi bir görünüm elde etmek için Wellington'ların üst kısımlarını çırpılmış yumurtayla fırçalayın.
i) Önceden ısıtılmış fırında yaklaşık 15-20 dakika veya puf böreği altın rengi kahverengi olana ve sığır eti istediğiniz pişme seviyesine ulaşana kadar pişirin.
j) Fırından çıkarın ve Mini Beef Wellington'ları servis yapmadan önce birkaç dakika dinlendirin.
k) Enfes bir meze olarak servis yapın ve yumuşak dana etinin ve ince puf böreğinin tadını çıkarın.

6.Köfte Wellington

İÇİNDEKİLER:

- 1 kutu (10,75 ons) yoğunlaştırılmış kremalı mantar çorbası
- 2 kilo kıyma
- ½ bardak kuru ekmek kırıntısı, ince
- 1 yumurta, hafifçe dövülmüş
- ⅓ bardak soğan, ince doğranmış
- 1 çay kaşığı tuz
- ⅓ bardak su
- 8 onsluk soğutulmuş hilal akşam yemeği ruloları paketi

TALİMATLAR:

a) Fırını 375 derece F'ye önceden ısıtın.
b) Yarım bardak çorba, sığır eti, galeta unu, yumurta, soğan ve tuzu iyice karıştırın.
c) 4 x 8 inçlik bir somun şeklinde sıkıca şekillendirin; sığ bir fırın tepsisine yerleştirin.
ç) 1 saat pişirin. Bir tencerede kalan çorbayı, suyu ve damlamalardan 2 ila 3 yemek kaşığı karıştırın. Sıcaklık; ara sıra karıştırarak somunla birlikte servis yapın.
d) Somun hazırlandıktan sonra yağı kaşıkla çıkarın.
e) Hilal şeklinde akşam yemeği rulolarını ayırın ve köftelerin üst ve alt taraflarına çapraz olarak, hafifçe üst üste gelecek şekilde yerleştirin.
f) 15 dakika daha pişirin.

7.tavuk Wellington

İÇİNDEKİLER:
- 4 kemiksiz, derisiz tavuk göğsü
- Tatmak için biber ve tuz
- 2 yemek kaşığı zeytinyağı
- 1 su bardağı ıspanak, doğranmış
- 1/2 bardak beyaz peynir, ufalanmış
- Milföy hamurları

TALİMATLAR:
a) Fırını 200°C'ye (400°F) önceden ısıtın.
b) Mevsimlik tavuk ile birlikte tuz ve biber.
c) Tavukları zeytinyağında rengi dönene kadar soteleyin.
ç) Ispanak ve beyaz peyniri karıştırıp tavuğun üzerine yerleştirin.
d) Milföy hamurunu açın, tavuğu sarın, kenarlarını kapatın.
e) Hamur altın rengi olana kadar 25-30 dakika pişirin.

8.Ördek Wellington

İÇİNDEKİLER:

- 2 ördek göğsü
- Tatmak için biber ve tuz
- 2 yemek kaşığı zeytinyağı
- 1 su bardağı mantar, ince doğranmış
- 2 yemek kaşığı brendi
- Kaz ciğeri (isteğe bağlı)
- Milföy hamurları

TALİMATLAR:

a) Fırını 200°C'ye (400°F) önceden ısıtın.
b) Ördek göğüslerini tuz ve karabiberle tatlandırın.
c) Ördeği zeytinyağında derisi çıtır çıtır olana kadar kızartın.
ç) Mantarları soteleyin, brendi ekleyin, sıvı buharlaşana kadar pişirin.
d) Kaz ciğeri (kullanılıyorsa) ördeğin üzerine koyun, üzerine mantar karışımını ekleyin.
e) Milföy hamurunu açın, ördeği sarın, kenarlarını kapatın.
f) Hamur altın rengi olana kadar 25-30 dakika pişirin.

9.Kuzu Wellington

İÇİNDEKİLER:
- 2 lb. kuzu filetosu
- Tatmak için biber ve tuz
- 2 yemek kaşığı zeytinyağı
- 1 bardak nane jölesi
- 1 bardak ekmek kırıntısı
- Milföy hamurları

TALİMATLAR:
a) Fırını 200°C'ye (400°F) önceden ısıtın.
b) Kuzuya tuz ve karabiber serpin.
c) Kuzu zeytinyağında rengi dönene kadar kızartın.
ç) Kuzuya nane jölesi sürün, galeta unu ile kaplayın.
d) Milföy hamurunu açın, kuzu sarın, kenarlarını kapatın.
e) Hamur altın rengi olana kadar 25-30 dakika pişirin.

10.Deniz Mahsülleri Wellington

İÇİNDEKİLER:
- 4 adet beyaz balık filetosu
- Tatmak için biber ve tuz
- 2 yemek kaşığı zeytinyağı
- 1 su bardağı deniz ürünleri karışımı (karides, deniz tarağı vb.)
- 1/2 su bardağı krem peynir
- Milföy hamurları

TALİMATLAR:
a) Fırını 200°C'ye (400°F) önceden ısıtın.
b) Balıkları tuz ve karabiberle tatlandırın.
c) Deniz ürünleri karışımını pişene kadar soteleyin, krem peynirle karıştırın.
ç) Milföy hamurunu açın, balıkları yerleştirin, deniz ürünleri karışımını yayın.
d) Hamuru balığın etrafına sarın, kenarlarını kapatın.
e) Hamur altın rengi olana kadar 20-25 dakika pişirin.
f) Bu ek Wellington tariflerinin tadını çıkarın!

11.Körili Maymunbalığı Wellington

İÇİNDEKİLER:
- 4 maymunbalığı filetosu
- Tatmak için biber ve tuz
- 2 yemek kaşığı zeytinyağı
- 2 yemek kaşığı köri tozu
- 1 soğan, ince doğranmış
- 2 diş sarımsak, kıyılmış
- 1 bardak hindistan cevizi sütü
- 1 su bardağı ıspanak, doğranmış
- Milföy hamurları

TALİMATLAR:
a) Fırını 200°C'ye (400°F) önceden ısıtın.
b) Maymun balığı filetolarını tuz, karabiber ve köri tozuyla baharatlayın.
c) Maymun balığını zeytinyağında her tarafı kızarıncaya kadar kızartın.
ç) Aynı tavada soğanı ve sarımsağı yumuşayana kadar soteleyin.
d) Hindistan cevizi sütünü tavaya ekleyin ve kaynamaya bırakın. Karışımın hafifçe koyulaşmasına izin verin.
e) Köri karışımına doğranmış ıspanak ekleyin, solana kadar karıştırın.
f) Milföy hamurunu açın ve ıspanak-köri karışımının bir kısmını her filetoya yerleştirin.
g) Milföy hamurunu maymunbalığının etrafına sarın ve kenarlarını kapatın.
ğ) Sarılı maymunbalığını bir fırın tepsisine yerleştirin ve 20-25 dakika veya hamur işi altın rengi kahverengi olana kadar pişirin.
h) Curried Monkfish Wellington'unuzu pilav veya en sevdiğiniz garnitürlerle servis edin. Eğlence!

12.Geyik eti Wellington

İÇİNDEKİLER:
- 4 adet geyik eti filetosu
- Tatmak için biber ve tuz
- 2 yemek kaşığı zeytinyağı
- 1/2 bardak kırmızı şarap
- 1 soğan, ince doğranmış
- 2 diş sarımsak, kıyılmış
- 8 ons mantar, ince doğranmış
- 1 yemek kaşığı taze kekik, doğranmış
- Dijon hardalı
- Milföy hamurları
- 1 yumurta (yumurta yıkamak için)

TALİMATLAR:
a) Fırını 200°C'ye (400°F) önceden ısıtın.
b) Geyik filetolarını tuz ve karabiberle tatlandırın.
c) Sıcak bir tavada filetoları zeytinyağında her tarafı kızarana kadar kızartın.
ç) Tavayı kırmızı şarapla yağdan arındırın ve kızaran parçaları kazıyın. Bir kenara koyun.
d) Aynı tavada soğanı ve sarımsağı yumuşayana kadar soteleyin.
e) Mantarları ve kekiği ekleyin, mantarlar nemini bırakıp altın rengi kahverengi oluncaya kadar pişirin.
f) Kızartılmış geyik eti filetolarının üzerine Dijon hardalını sürün.
g) Her fileto üzerine mantar karışımından bir miktar koyun.
ğ) Milföy hamurunu açın ve her filetoyu kenarlarını kapatacak şekilde sarın.
h) Sarılmış filetoları bir fırın tepsisine yerleştirin.
ı) Altın rengi bir görünüm elde etmek için puf böreğini yumurta akı ile fırçalayın.
i) 20-25 dakika veya hamur işi altın rengi kahverengi olana kadar pişirin.
j) Venison Wellington'unuzu kırmızı şarap azaltımı veya en sevdiğiniz sosla servis edin. Bu zarif ve lezzetli yemeğin tadını çıkarın!

13.Ispanaklı ve Kestane Mantarlı Dana Wellington

İÇİNDEKİLER:

- 1,5 kg dana bonfile
- Tatmak için tuz ve karabiber
- 2 yemek kaşığı zeytinyağı
- 1 lb kestane mantarı, ince doğranmış
- 2 diş sarımsak, kıyılmış
- 2 su bardağı taze ıspanak, doğranmış
- 2 yemek kaşığı Dijon hardalı
- 8 dilim jambon
- Milföy hamurları
- 1 yumurta (yumurta yıkamak için)

TALİMATLAR:

a) Fırını önceden 425°F'ye (220°C) ısıtın.
b) Dana bonfileyi tuz ve karabiberle tatlandırın.
c) Zeytinyağını bir tavada ısıtın ve etin her tarafı kızarana kadar kızartın. Bir kenara koyun.
ç) Aynı tavada mantarları ve sarımsağı, mantarlar suyunu salıp altın rengi oluncaya kadar soteleyin.
d) Doğranmış ıspanakları mantarlı karışıma ekleyip suyunu çekene kadar pişirin. Karışımın soğumasına izin verin.
e) Kızartılmış dana bonfilenin üzerine Dijon hardalını sürün.
f) Prosciutto dilimlerini plastik bir tabaka üzerine hafifçe üst üste gelecek şekilde yerleştirin.
g) Mantar ve ıspanak karışımını prosciutto'nun üzerine yayın.
ğ) Sığır eti üzerine yerleştirin ve prosciutto ve mantar karışımını sığır etinin etrafında yuvarlayarak bir kütük oluşturun.
h) Milföy hamurunu açın ve kenarlarını kapatarak sığır kütüğünü sarın.
ı) Altın rengi bir görünüm elde etmek için hamuru yumurta sarısı ile fırçalayın.
i) Sarılı eti bir fırın tepsisine yerleştirin ve 25-30 dakika veya hamur işi altın rengi kahverengi olana kadar pişirin.
j) Dilimlemeden önce Sığır Wellington'un birkaç dakika dinlenmesine izin verin. En sevdiğiniz sosla servis yapın ve tadını çıkarın!

14.Yaban havucu ve Porcini Wellington

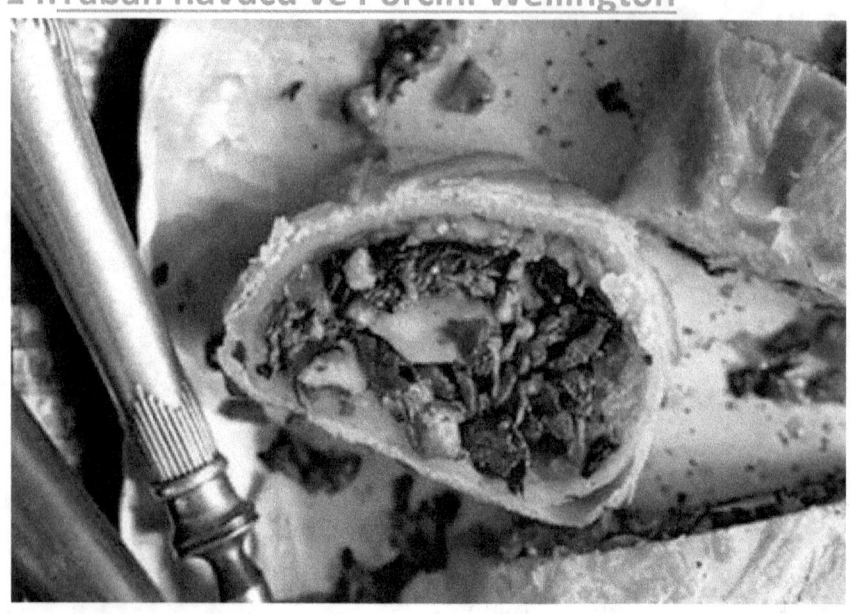

İÇİNDEKİLER:
- 2 su bardağı kurutulmuş porçini mantarı
- 1 su bardağı kaynar su
- 2 yemek kaşığı zeytinyağı
- 1 soğan, ince doğranmış
- 3 diş sarımsak, kıyılmış
- 4 yaban havucu, soyulmuş ve rendelenmiş
- 1 bardak ekmek kırıntısı
- 1/2 bardak taze maydanoz, doğranmış
- Tatmak için tuz ve karabiber
- Milföy hamurları
- 1 yumurta (yumurta yıkamak için)

TALİMATLAR:
a) Fırını 200°C'ye (400°F) önceden ısıtın.
b) Kurutulmuş porcini mantarlarını bir kaseye koyun ve üzerini kaynar suyla doldurun. 20 dakika bekletin, sonra süzün ve doğrayın.
c) Bir tavada zeytinyağını ısıtıp soğan ve sarımsakları yumuşayana kadar soteleyin.
ç) Rendelenmiş yaban havuçlarını tavaya ekleyin ve suyunu bırakıp yumuşayıncaya kadar pişirin.
d) Doğranmış porcini mantarlarını, galeta ununu ve taze maydanozu ekleyip karıştırın. Tuz ve karabiber ile tatlandırın. Karışımın soğumasına izin verin.
e) Milföy hamurunu açın ve yaban havucu ve porçini karışımını hamurun üzerine yayın.
f) Yaban havucu ve porcini karışımını hamur işinin ortasına, kenarlarda boşluk bırakarak yerleştirin.
g) Hamuru dolgunun üzerine katlayın, kenarlarını kapatın. İstenirse üstüne kafes deseni oluşturulabilir.
ğ) Altın rengi bir görünüm elde etmek için hamuru yumurta sarısı ile fırçalayın.
h) Sarılı Wellington'u bir fırın tepsisine yerleştirin ve 25-30 dakika veya hamur işi altın rengi kahverengi olana kadar pişirin.
ı) Dilimlemeden önce Yaban Havucu ve Porcini Wellington'un birkaç dakika soğumasını bekleyin. En sevdiğiniz sos veya Hint turşusunun yanında servis yapın. Eğlence!

15. Vegan Mantar Wellington

İÇİNDEKİLER:
- 2 yemek kaşığı zeytinyağı
- 1 soğan, ince doğranmış
- 3 diş sarımsak, kıyılmış
- 1 lb karışık mantar (cremini , shiitake ve istiridye gibi), ince doğranmış
- 1 su bardağı ıspanak, doğranmış
- 1/2 su bardağı ceviz, kıyılmış
- 1 yemek kaşığı soya sosu
- 1 çay kaşığı kekik, kurutulmuş
- Tatmak için tuz ve karabiber
- Milföy hamurları
- 1 yemek kaşığı bitki bazlı süt (fırçalamak için)
- Susam tohumları (isteğe bağlı, garnitür için)

TALİMATLAR:
a) Fırını 200°C'ye (400°F) önceden ısıtın.
b) Bir tavada zeytinyağını ısıtıp soğan ve sarımsakları yumuşayana kadar soteleyin.
c) Doğranmış mantarları tavaya ekleyin ve nem buharlaşana kadar pişirin.
ç) Ispanak, ceviz, soya sosu, kekik, tuz ve karabiberi ekleyip karıştırın. Ispanaklar suyunu çekene kadar pişirin. Karışımın soğumasına izin verin.
d) Milföy hamurunu açın ve mantarlı karışımı hamurun üzerine yayın.
e) Mantarlı karışımı hamurun ortasına, kenarlarda boşluk kalacak şekilde yerleştirin.
f) Hamuru dolgunun üzerine katlayın, kenarlarını kapatın. İstenirse üstüne kafes deseni oluşturulabilir.
g) Altın rengi bir görünüm için hamur işini bitkisel bazlı sütle fırçalayın. İsteğe göre üzerine susam serpebilirsiniz.
ğ) Sarılı Wellington'u bir fırın tepsisine yerleştirin ve 25-30 dakika veya hamur işi altın rengi kahverengi olana kadar pişirin.
h) Dilimlemeden önce Vegan Mantar Wellington'un birkaç dakika soğumasını bekleyin. Yanında vegan sos veya en sevdiğiniz sosla servis yapın. Bu lezzetli ve bitki bazlı versiyonun tadını çıkarın!

16. Vegan Miso Mantarı, Kabak ve Kestane Wellington

İÇİNDEKİLER:
- 2 yemek kaşığı zeytinyağı
- 1 soğan, ince doğranmış
- 3 diş sarımsak, kıyılmış
- 1 lb karışık mantar (shiitake, cremini ve istiridye gibi), ince doğranmış
- 1 su bardağı balkabağı, doğranmış
- 1 su bardağı kestane, pişmiş ve doğranmış
- 2 yemek kaşığı miso ezmesi
- 1 yemek kaşığı soya sosu
- 1 çay kaşığı kekik, kurutulmuş
- Tatmak için tuz ve karabiber
- Milföy hamurları
- 1 yemek kaşığı bitki bazlı süt (fırçalamak için)
- Susam tohumları (isteğe bağlı, garnitür için)

TALİMATLAR:

a) Fırını 200°C'ye (400°F) önceden ısıtın.
b) Bir tavada zeytinyağını ısıtıp soğan ve sarımsakları yumuşayana kadar soteleyin.
c) Doğranmış mantarları tavaya ekleyin ve nem buharlaşana kadar pişirin.
ç) Küp küp doğranmış balkabağı, kestane, miso ezmesi, soya sosu, kekik, tuz ve karabiberi ekleyip karıştırın. Kabak yumuşayana kadar pişirin. Karışımın soğumasına izin verin.
d) Milföy hamurunu açın ve mantar, kabak ve kestane karışımını hamurun üzerine yayın.
e) Dolguyu hamurun ortasına, kenarlarda boşluk bırakarak yerleştirin.
f) Hamuru dolgunun üzerine katlayın, kenarlarını kapatın. İstenirse üstüne kafes deseni oluşturulabilir.
g) Altın rengi bir görünüm için hamur işini bitkisel bazlı sütle fırçalayın. İsteğe göre üzerine susam serpebilirsiniz.
ğ) Sarılı Wellington'u bir fırın tepsisine yerleştirin ve 25-30 dakika veya hamur işi altın rengi kahverengi olana kadar pişirin.
h) Vegan Miso Mantarı, Kabak ve Kestane Wellington'u dilimlemeden önce birkaç dakika soğumaya bırakın.
ı) Yanında vegan sos veya en sevdiğiniz sosla servis yapın. Bu lezzetli ve bitki bazlı Wellington'un tadını çıkarın!

17. Karnabahar Wellington

İÇİNDEKİLER:
- 1 büyük karnabahar başı
- 2 yemek kaşığı zeytinyağı
- 1 soğan, ince doğranmış
- 3 diş sarımsak, kıyılmış
- 1 su bardağı mantar, ince doğranmış
- 1 bardak ekmek kırıntısı
- 1 su bardağı ıspanak, doğranmış
- 1 yemek kaşığı Dijon hardalı
- Milföy hamurları
- 1 yemek kaşığı bitki bazlı süt (fırçalamak için)
- Susam tohumları (isteğe bağlı, garnitür için)

TALİMATLAR:
a) Fırını 200°C'ye (400°F) önceden ısıtın.
b) Karnabaharın yapraklarını ve sapını çıkarın, baş kısmını sağlam bırakın.
c) Karnabaharın tamamını hafifçe yumuşayana kadar ancak çok yumuşak olmayana kadar buharda pişirin.
ç) Bir tavada zeytinyağını ısıtıp soğan ve sarımsakları yumuşayana kadar soteleyin.
d) Doğranmış mantarları tavaya ekleyin ve nem buharlaşana kadar pişirin.
e) Karışım iyice birleşene kadar ekmek kırıntılarını ve ıspanağı karıştırın. Soğumasına izin verin.
f) Haşlanmış karnabaharın üzerine Dijon hardalını sürün.
g) Milföy hamurunu açın ve karnabaharı ortasına yerleştirin, üzerini mantar ve ıspanak karışımıyla kaplayın.
ğ) Hamuru karnabaharın üzerine katlayın, kenarlarını kapatın. İstenirse üstüne kafes deseni oluşturulabilir.
h) Altın rengi bir görünüm için hamur işini bitkisel bazlı sütle fırçalayın. İsteğe göre üzerine susam serpebilirsiniz.
ı) Sarılı Wellington'u bir fırın tepsisine yerleştirin ve 25-30 dakika veya hamur işi altın rengi kahverengi olana kadar pişirin.
i) Dilimlemeden önce Karnabahar Wellington'un birkaç dakika soğumasını bekleyin. Yanında vegan sos veya en sevdiğiniz sosla servis yapın. Bu lezzetli ve doyurucu vegan yemeğin tadını çıkarın!

18.Kinoa ve Bitki Doldurmalı Kuzu Wellingtons

İÇİNDEKİLER:
- 4 adet kuzu filetosu
- Tatmak için tuz ve karabiber
- 2 yemek kaşığı zeytinyağı
- 1 bardak kinoa, pişmiş
- 1 soğan, ince doğranmış
- 3 diş sarımsak, kıyılmış
- 1/2 bardak karışık otlar (maydanoz, nane ve kekik gibi), doğranmış
- Bir limonun kabuğu rendesi
- Milföy hamurları
- 1 yumurta (yumurta yıkamak için)

TALİMATLAR:
a) Fırını 200°C'ye (400°F) önceden ısıtın.
b) Kuzu filetolarını tuz ve karabiberle tatlandırın.
c) Bir tavada zeytinyağını ısıtın ve kuzu filetoyu her tarafı kızarana kadar kızartın. Bir kenara koyun.
ç) Aynı tavada soğanı ve sarımsağı yumuşayana kadar soteleyin.
d) Bir kasede pişmiş kinoayı, sotelenmiş soğanı, sarımsağı, karışık otları ve limon kabuğu rendesini birleştirin. Karışımın soğumasına izin verin.
e) Milföy hamurunu açın ve her kuzu filetosunun üzerine kinoa ve otlu dolgunun bir kısmını koyun.
f) Her bir kuzu pirzolayı hamurun üzerine yerleştirin, ardından hamuru kuzunun etrafına sarın ve kenarlarını kapatın.
g) Altın rengi bir görünüm elde etmek için hamuru yumurta sarısı ile fırçalayın.
ğ) Sarılı kuzu Wellington'ları bir fırın tepsisine yerleştirin ve 20-25 dakika veya hamur işi altın rengi kahverengi olana kadar pişirin.
h) Kinoa ve Bitki Doldurma ile Kuzu Wellington'ların servis yapmadan önce birkaç dakika dinlenmesine izin verin. Bu lezzetli ve zarif Wellington'ların tadını çıkarın!

19.Bireysel Sığır Wellingtonları

İÇİNDEKİLER:

- 4 dana bonfile biftek (her biri 6 oz)
- Tatmak için tuz ve karabiber
- 2 yemek kaşığı zeytinyağı
- 1 lb mantar, ince doğranmış
- 2 diş sarımsak, kıyılmış
- 1/4 bardak kuru beyaz şarap
- 2 yemek kaşığı Dijon hardalı
- 8 dilim jambon
- Milföy hamurları
- 1 yumurta (yumurta yıkamak için)

TALİMATLAR:

a) Fırını önceden 425°F'ye (220°C) ısıtın.
b) Dana bonfile bifteklerini tuz ve karabiberle tatlandırın.
c) Sıcak bir tavada biftekleri zeytinyağında her tarafı kızarana kadar kızartın. Bir kenara koyun.
ç) Aynı tavaya doğranmış mantarları ve sarımsakları ekleyin. Mantarlar suyunu salıncaya kadar pişirin.
d) Beyaz şarabı dökün ve sıvı buharlaşana kadar pişirin. Ateşten alın ve karışımın soğumasını bekleyin.
e) Her bifteği Dijon hardalıyla fırçalayın.
f) Prosciutto dilimlerini plastik bir tabaka üzerine hafifçe üst üste gelecek şekilde yerleştirin.
g) Mantar karışımından bir kat prosciutto'nun üzerine yayın.
ğ) Üzerine dana bonfile yerleştirin ve prosciutto ve mantar karışımını bifteğin etrafında yuvarlayarak tek tek parseller oluşturun.
h) Milföy hamurunu açın ve her bir sığır paketini kenarlarını kapatacak şekilde sarın.
ı) Altın rengi bir görünüm elde etmek için hamuru yumurta sarısı ile fırçalayın.
i) Beef Wellington'ları bir fırın tepsisine yerleştirin ve 20-25 dakika veya hamur işi altın kahverengi olana kadar pişirin.
j) Bireysel Sığır Wellington'larının servis yapmadan önce birkaç dakika dinlenmesine izin verin.
k) Kırmızı şarap azaltma veya mantar sosu gibi en sevdiğiniz sosla servis yapın.

20. Mini Dana ve prosciutto Wellington

İÇİNDEKİLER:
- 8 dana bonfile madalyonu (yaklaşık 2 inç çapında)
- Tatmak için tuz ve karabiber
- 1 yemek kaşığı zeytinyağı
- 1 su bardağı mantar, ince doğranmış
- 1 diş sarımsak, kıyılmış
- 2 yemek kaşığı kırmızı şarap
- 2 yemek kaşığı Dijon hardalı
- 8 dilim jambon
- Milföy hamurları
- 1 yumurta (yumurta yıkamak için)

TALİMATLAR:
a) Fırını önceden 425°F'ye (220°C) ısıtın.
b) Dana bonfile madalyonlarını tuz ve karabiberle tatlandırın.
c) Bir tavada zeytinyağını ısıtın ve madalyonların her tarafı kızarana kadar kızartın. Bir kenara koyun.
ç) Aynı tavaya doğranmış mantarları ve sarımsakları ekleyin. Mantarlar suyunu salıncaya kadar pişirin.
d) Kırmızı şarabı dökün ve sıvı buharlaşana kadar pişirin. Ateşten alın ve karışımın soğumasını bekleyin.
e) Her bir sığır madalyonunu Dijon hardalıyla fırçalayın.
f) Prosciutto dilimlerini plastik bir tabaka üzerine hafifçe üst üste gelecek şekilde yerleştirin.
g) Mantar karışımından bir kat prosciutto'nun üzerine yayın.
ğ) Üzerine bir dana madalyonu yerleştirin ve prosciutto ve mantar karışımını madalyonun etrafına sararak mini paketler oluşturun.
h) Milföy hamurunu açın ve her bir mini Beef Wellington'u kenarlarını kapatacak şekilde sarın.
ı) Altın rengi bir görünüm elde etmek için hamuru yumurta sarısı ile fırçalayın.
i) Mini Beef Wellington'ları bir fırın tepsisine yerleştirin ve 15-20 dakika veya hamur işi altın rengi kahverengi olana kadar pişirin.
j) Mini Beef Wellington'ların servis yapmadan önce birkaç dakika dinlenmesine izin verin. Zarif bir meze veya enfes bir parti atıştırmalık olarak servis yapın.
k) Bu lokmalık ikramların tadını çıkarın!

21.Kıyma Wellington

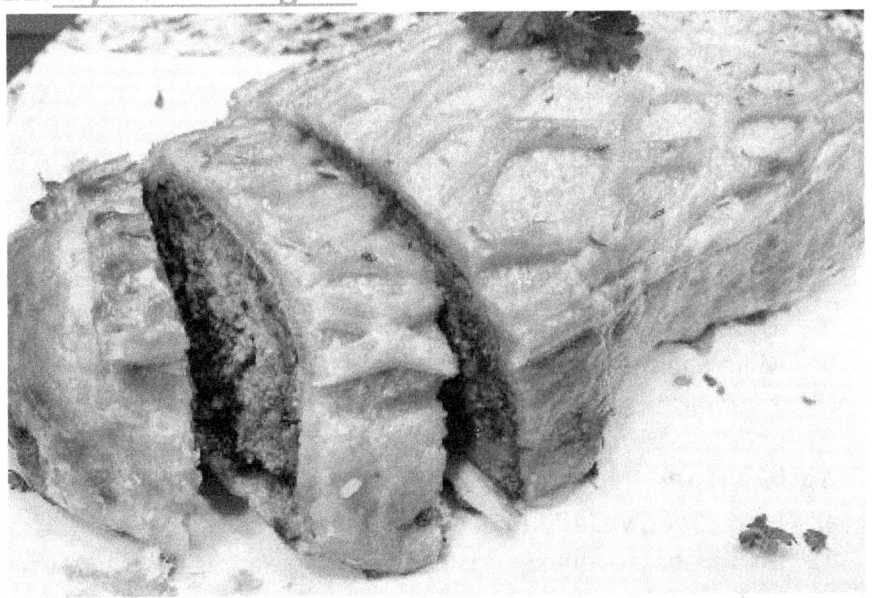

İÇİNDEKİLER:
- 1 lb kıyma
- Tatmak için tuz ve karabiber
- 1 yemek kaşığı zeytinyağı
- 1 soğan, ince doğranmış
- 2 diş sarımsak, kıyılmış
- 1 su bardağı mantar, ince doğranmış
- 2 yemek kaşığı Worcestershire sosu
- 2 yemek kaşığı Dijon hardalı
- 1/2 bardak ekmek kırıntısı
- Milföy hamurları
- 1 yumurta (yumurta yıkamak için)

TALİMATLAR:
a) Fırını 200°C'ye (400°F) önceden ısıtın.
b) Bir tavada zeytinyağını ısıtıp soğan ve sarımsakları yumuşayana kadar soteleyin.
c) Kıymayı tavaya ekleyin ve kızarana kadar pişirin. Tuz ve karabiber ile tatlandırın.
ç) Kıyılmış mantarları dana eti karışımına ekleyin ve mantarlar suyunu salıncaya kadar pişirin.
d) Worcestershire sosunu, Dijon hardalını ve ekmek kırıntılarını karıştırın. Karışımın soğumasına izin verin.
e) Milföy hamurunu açın ve kıymalı karışımı hamurun üzerine yayın.
f) Hamuru dolgunun üzerine katlayın, kenarlarını kapatın. İstenirse üstüne kafes deseni oluşturulabilir.
g) Altın rengi bir görünüm elde etmek için hamuru yumurta sarısı ile fırçalayın.
ğ) Sarılı Kıyma Wellington'u bir fırın tepsisine yerleştirin ve 25-30 dakika veya hamur işi altın kahverengi olana kadar pişirin.
h) Dilimlemeden önce Kıyma Wellington'un birkaç dakika soğumasını bekleyin. En sevdiğiniz sos veya sosla servis yapın. Klasik Wellington'un bu basitleştirilmiş versiyonunun tadını çıkarın!

22.Creole Mantar Karışımlı Sığır Wellington

İÇİNDEKİLER:

- 1,5 kg dana bonfile
- Tatmak için tuz ve karabiber
- 2 yemek kaşığı zeytinyağı
- 1 bardak cremini mantarı, ince doğranmış
- 1 bardak shiitake mantarı, ince doğranmış
- 1 su bardağı istiridye mantarı, ince doğranmış
- 1 soğan, ince doğranmış
- 2 diş sarımsak, kıyılmış
- 1 çay kaşığı kekik, kurutulmuş
- 1 çay kaşığı kırmızı biber
- 1/2 çay kaşığı acı biber (tadına göre ayarlayın)
- 2 yemek kaşığı Worcestershire sosu
- Milföy hamurları
- Dijon hardalı
- 1 yumurta (yumurta yıkamak için)

TALİMATLAR:

a) Fırını önceden 425°F'ye (220°C) ısıtın.
b) Dana bonfileyi tuz ve karabiberle tatlandırın.
c) Sıcak bir tavada, etleri zeytinyağında her tarafı kızarana kadar kızartın. Bir kenara koyun.
ç) Aynı tavada soğanı ve sarımsağı yumuşayana kadar soteleyin.
d) Tavaya cremini , shiitake ve istiridye mantarlarını ekleyin . Mantarlar suyunu salıncaya kadar pişirin.
e) Kekik, kırmızı biber, kırmızı biber ve Worcestershire sosunu karıştırın. Karışım iyice birleşene kadar pişirin . Soğumasına izin verin.
f) Milföy hamurunu açın ve Dijon hardalını dana etinin üzerine yayın.
g) Mantar karışımını etin üzerine eşit şekilde kaplayacak şekilde yerleştirin.
ğ) Sığır eti puf böreğine sarın, kenarlarını kapatın. İstenirse üstüne kafes deseni oluşturulabilir.
h) Altın rengi bir görünüm elde etmek için hamuru yumurta sarısı ile fırçalayın.
ı) Sarılı Beef Wellington'u bir fırın tepsisine yerleştirin ve 25-30 dakika veya hamur işi altın rengi kahverengi olana kadar pişirin.
i) Dilimlemeden önce Creole Mantar Karışımlı Beef Wellington'un birkaç dakika dinlenmesine izin verin.

23.Sous Vide Sığır Wellington

İÇİNDEKİLER:

- 4 dana bonfile biftek (her biri 6 oz)
- Tatmak için tuz ve karabiber
- 2 yemek kaşığı zeytinyağı
- Sous Vide için:
- 1 yemek kaşığı zeytinyağı
- Taze kekik dalları
- Sarımsak karanfilleri, ezilmiş
- 1 bardak cremini mantarı, ince doğranmış
- 1 bardak shiitake mantarı, ince doğranmış
- 1 su bardağı istiridye mantarı, ince doğranmış
- 1 soğan, ince doğranmış
- 2 diş sarımsak, kıyılmış
- 1 çay kaşığı kekik, kurutulmuş
- 1 çay kaşığı kırmızı biber
- 1/2 çay kaşığı acı biber (tadına göre ayarlayın)
- 2 yemek kaşığı Worcestershire sosu
- Milföy hamurları
- Dijon hardalı
- 1 yumurta (yumurta yıkamak için)

TALİMATLAR:
SOUS VİDE'NİN HAZIRLANIŞI:

a) Sous vide banyosunu dana bonfile için istediğiniz pişme derecesine kadar önceden ısıtın (örn. orta-az pişmiş için 130°F / 54°C).

b) Dana bonfile bifteklerini tuz ve karabiberle tatlandırın. Bunları zeytinyağı, taze kekik ve ezilmiş sarımsakla birlikte sous vide torbalarına koyun.

c) Sığır etini sous vide banyosunda tercih ettiğiniz pişme derecesine göre 1,5 ila 4 saat pişirin.

MANTAR KARIŞIMI:

ç) Bir tavada zeytinyağını ısıtıp soğan ve sarımsakları yumuşayana kadar soteleyin.

d) Tavaya cremini , shiitake ve istiridye mantarlarını ekleyin . Mantarlar suyunu salıncaya kadar pişirin.

e) Kekik, kırmızı biber, kırmızı biber ve Worcestershire sosunu karıştırın. Karışım iyice birleşene kadar pişirin. Soğumasına izin verin.

MONTAJ VE PİŞİRME:

f) Fırını önceden 425°F'ye (220°C) ısıtın.
g) Dana bonfileyi sous vide poşetlerinden çıkarın ve kurulayın.
ğ) Milföy hamurunu açın ve Dijon hardalını dana etinin üzerine yayın.
h) Mantar karışımını etin üzerine eşit şekilde kaplayacak şekilde yerleştirin.
ı) Sığır eti puf böreğine sarın, kenarlarını kapatın. İstenirse üstüne kafes deseni oluşturulabilir.
i) Altın rengi bir görünüm elde etmek için hamuru yumurta sarısı ile fırçalayın.
j) Sarılı Beef Wellington'u bir fırın tepsisine yerleştirin ve 25-30 dakika veya hamur işi altın rengi kahverengi olana kadar pişirin.
k) Dilimlemeden önce Sous Vide Beef Wellington'un birkaç dakika dinlenmesine izin verin. En sevdiğiniz sosun yanında veya kırmızı şarap azaltımıyla servis yapın. Klasik Beef Wellington'un bu yükseltilmiş versiyonunun tadını çıkarın!

24. Dana Wellington Turtası

İÇİNDEKİLER:

- 1,5 kg kuşbaşı dana bonfile
- Tatmak için tuz ve karabiber
- 2 yemek kaşığı zeytinyağı
- 1 soğan, ince doğranmış
- 2 diş sarımsak, kıyılmış
- 1 bardak cremini mantarı, dilimlenmiş
- 1 su bardağı havuç, doğranmış
- 1 su bardağı dondurulmuş bezelye
- 1/4 bardak çok amaçlı un
- 1 su bardağı et suyu
- 1/2 bardak kırmızı şarap
- 1 çay kaşığı kekik, kurutulmuş
- 1 paket milföy hamuru
- Dijon hardalı
- 1 yumurta (yumurta yıkamak için)

TALİMATLAR:

a) Fırını 200°C'ye (400°F) önceden ısıtın.
b) Dana küplerini tuz ve karabiberle tatlandırın.
c) Büyük bir tavada zeytinyağını orta-yüksek ateşte ısıtın. Sığır eti küplerini her tarafı kızarana kadar kızartın. Çıkarın ve bir kenara koyun.
ç) Aynı tavaya soğan, sarımsak, mantar ve havuç ekleyin. Sebzeler yumuşayana kadar soteleyin.
d) Unu sebzelerin üzerine serpin ve kaplamak için karıştırın. Unun çiğ tadının kaybolması için 1-2 dakika pişirin.
e) Topaklanmayı önlemek için sürekli karıştırarak et suyunu ve kırmızı şarabı yavaşça dökün. Kaynamaya bırakın, koyulaşmasına izin verin.
f) Kavrulmuş etleri tekrar tavaya ekleyin. Dondurulmuş bezelye ve kurutulmuş kekiği karıştırın. Karışım güveç benzeri bir kıvama gelinceye kadar birkaç dakika pişirin.
g) Milföy hamurunu açın ve servis tabağınızın büyüklüğüne göre yuvarlak veya kare şeklinde kesin.

ğ) Sığır dolgusunu fırına dayanıklı ayrı kaplara veya bir fırın tepsisine kaşıkla dökün.
h) Sığır eti karışımının üzerine ince bir tabaka Dijon hardalı sürün.
ı) Milföy hamurunu yuvarlak veya kare şeklinde dolgunun üzerine yerleştirin ve kenarlarını bastırarak kapatın.
i) Yumurtayı çırpın ve altın rengi bir görünüm elde etmek için puf böreğinin üzerine fırçalayın.
j) Önceden ısıtılmış fırında 20-25 dakika veya hamur altın rengi kahverengi ve kabarıncaya kadar pişirin.
k) Servis yapmadan önce Beef Wellington Pot Pies'in birkaç dakika soğumasını bekleyin. Bir dokunuşla rahatlatıcı ve lezzetli çömlek pastasının tadını çıkarın!

25.Sığır Wellington Lokmaları

İÇİNDEKİLER:

- 1 lb. dana bonfile, küçük küpler halinde kesilmiş
- Tatmak için tuz ve karabiber
- 2 yemek kaşığı zeytinyağı
- 1 bardak cremini mantarı, ince doğranmış
- 1 soğan, ince doğranmış
- 2 diş sarımsak, kıyılmış
- 1 yemek kaşığı Dijon hardalı
- 1 paket milföy hamuru
- 1 yumurta (yumurta yıkamak için)

TALİMATLAR:

a) Fırını 200°C'ye (400°F) önceden ısıtın.
b) Dana küplerini tuz ve karabiberle tatlandırın.
c) Bir tavada zeytinyağını orta-yüksek ateşte ısıtın. Sığır eti küplerini her tarafı kızarana kadar kızartın. Çıkarın ve bir kenara koyun.
ç) Aynı tavaya soğanı, sarımsağı ve mantarları ekleyin. Mantarlar suyunu salıp karışımın kokusu çıkana kadar soteleyin.
d) Kızartılmış sığır eti küplerinin her iki tarafına ince bir tabaka Dijon hardalı sürün.
e) Milföy hamurunu açın ve tercihinize göre küçük kareler veya daireler halinde kesin.
f) Her kare karenin ortasına mantar karışımından bir kaşık koyun.
g) Mantar karışımının üzerine Dijon kaplı sığır eti küpünü koyun.
ğ) Hamur işini sığır etinin üzerine katlayın ve kenarlarını kapatarak ısırık büyüklüğünde Wellington'lar oluşturun.
h) Yumurtayı çırpın ve altın rengi bir görünüm elde etmek için puf böreğinin üzerine fırçalayın.
ı) Sığır Wellington Bites'i bir fırın tepsisine yerleştirin ve 15-20 dakika veya hamur işi altın kahverengi ve kabarıncaya kadar pişirin.
i) Servis yapmadan önce lokmaların birkaç dakika soğumasını bekleyin. Bunları bir tabağa dizin ve bu zarif, lokmalık ikramların tadını çıkarın!

26.Zavallı Adamın Sığır Eti Wellington

İÇİNDEKİLER:
- 1,5 kg sığır eti kızartması, doğranmış
- Tatmak için tuz ve karabiber
- 2 yemek kaşığı zeytinyağı
- 1 soğan, ince doğranmış
- 2 diş sarımsak, kıyılmış
- 1 su bardağı mantar, ince doğranmış
- 1 yemek kaşığı Worcestershire sosu
- Milföy hamurları
- Dijon hardalı
- 1 yumurta (yumurta yıkamak için)

TALİMATLAR:

a) Fırını 200°C'ye (400°F) önceden ısıtın.
b) Sığır eti kızartmasını tuz ve karabiberle tatlandırın.
c) Fırına dayanıklı büyük bir tavada, zeytinyağını orta-yüksek ateşte ısıtın. Sığır eti kızartmasını her tarafı kızarana kadar kızartın. Çıkarın ve bir kenara koyun.
ç) Aynı tavaya soğanı, sarımsağı ve mantarları ekleyin. Mantarlar suyunu salıp karışımın kokusu çıkana kadar soteleyin.
d) 2-3 dakika daha pişirin . Karışımın soğumasına izin verin.
e) Milföy hamurunu açın ve dana kızartmasının üzerine bir kat Dijon hardalı sürün.
f) Mantar karışımını dana etinin üzerine koyun.
g) Sığır eti ve mantar karışımını, kenarlarını kapatarak puf böreğiyle sarın. İstenirse üstüne kafes deseni oluşturulabilir.
ğ) Yumurtayı çırpın ve altın rengi bir görünüm elde etmek için puf böreğinin üzerine fırçalayın.
h) Tavayı önceden ısıtılmış fırına yerleştirin ve 40-50 dakika veya hamur işi altın rengi kahverengi olana ve sığır eti istediğiniz gibi pişene kadar pişirin.
ı) Zavallı Adamın Sığır Wellington'unu dilimlemeden önce birkaç dakika dinlenmeye bırakın.
i) Beef Wellington'un bu bütçe dostu versiyonunun dilimlerini en sevdiğiniz taraflarla birlikte servis edin. Klasik yemeğin lezzetli ve daha ekonomik bir versiyonu !

27.Köfte Wellington

İÇİNDEKİLER:
KÖFTE İÇİN:
- 1 lb kıyma
- 1/2 bardak ekmek kırıntısı
- 1/4 su bardağı rendelenmiş parmesan peyniri
- 1/4 su bardağı süt
- 1 yumurta
- 2 diş sarımsak, kıyılmış
- 1 çay kaşığı kurutulmuş kekik
- Tatmak için tuz ve karabiber

MANTAR DUXELLELERİ İÇİN:
- 2 su bardağı mantar, ince doğranmış
- 2 yemek kaşığı tereyağı
- 2 diş sarımsak, kıyılmış
- Tatmak için tuz ve karabiber
- 2 yemek kaşığı kıyılmış taze maydanoz

MONTAJ İÇİN:
- Milföy hamurları
- Dijon hardalı
- 1 yumurta (yumurta yıkamak için)

TALİMATLAR:
KÖFTE İÇİN:
a) Fırını 200°C'ye (400°F) önceden ısıtın.
b) Bir kapta kıyma, galeta unu, Parmesan peyniri, süt, yumurta, kıyılmış sarımsak, kurutulmuş kekik, tuz ve karabiberi birleştirin. İyice karıştırın.
c) Karışıma köfte şekli verip fırın tepsisine dizin.
ç) Önceden ısıtılmış fırında 15-20 dakika veya köfteler pişene kadar pişirin.

MANTAR DUXELLELERİ İÇİN:
d) Bir tavada orta ateşte tereyağını eritin. Kıyılmış mantarları ve kıyılmış sarımsakları ekleyin.
e) Mantarları nemlerini bırakıp altın rengi oluncaya kadar pişirin.
f) Tuz ve karabiberle tatlandırın ve doğranmış taze maydanozu ekleyip karıştırın. Soğuması için bir kenara koyun.

MONTAJ İÇİN:
g) Milföy hamurunu açın ve her köfte için bir tane olacak şekilde kareler halinde kesin.
ğ) Her kareye ince bir tabaka Dijon hardalı sürün.
h) Her karenin ortasına bir kaşık dolusu mantarlı duxelles yerleştirin.
ı) Mantarlı karışımın üzerine pişmiş köfteyi koyun.
i) Milföy hamurunu köftenin üzerine katlayın, kenarlarını kapatın. İstenirse üstüne kafes deseni oluşturulabilir.
j) Yumurtayı çırpın ve altın rengi bir görünüm elde etmek için puf böreğinin üzerine fırçalayın.
k) Köfte Wellington'ları bir fırın tepsisine yerleştirin ve 20-25 dakika veya hamur işi altın rengi kahverengi olana kadar pişirin.

28.Hava Fritözü Kıyma Wellington

İÇİNDEKİLER:

- 1 lb kıyma
- Tatmak için tuz ve karabiber
- 1 yemek kaşığı zeytinyağı
- 1 soğan, ince doğranmış
- 2 diş sarımsak, kıyılmış
- 1 su bardağı mantar, ince doğranmış
- 1 yemek kaşığı Worcestershire sosu
- Milföy hamurları
- Dijon hardalı
- 1 yumurta (yumurta yıkamak için)

TALİMATLAR:

a) Hava fritözünüzü 190°C'ye (375°F) önceden ısıtın.
b) Bir tavada zeytinyağını orta-yüksek ateşte ısıtın. Soğan, sarımsak ve mantarları ekleyin. Mantarlar suyunu salıp karışımın kokusu çıkana kadar soteleyin.
c) Kıymayı tavaya ekleyin ve kızarana kadar pişirin. Tuz ve karabiber ile tatlandırın.
ç) 2-3 dakika daha pişirin. Karışımın soğumasına izin verin.
d) Milföy hamurunu açın ve kıyma karışımının üzerine bir kat Dijon hardalı sürün.
e) Soğuyan kıymalı karışımı milföy hamurlarının üzerine yerleştirin.
f) Kıyma karışımını milföy hamuruyla sarın, kenarlarını kapatın. İstenirse üstüne kafes deseni oluşturulabilir.
g) Yumurtayı çırpın ve altın rengi bir görünüm elde etmek için puf böreğinin üzerine fırçalayın.
ğ) Sarılı Kıyma Wellington'u hava fritözü sepetine yerleştirin.
h) 15-20 dakika veya puf böreği altın kahverengi olana kadar havayla kızartın.
ı) Dilimlemeden önce Kıyma Wellington'un birkaç dakika soğumasını bekleyin.

29. Karnabahar, Salatalık ve Turp ile Çipura Wellington

İÇİNDEKİLER:

- 4 adet çipura filetosu
- Tatmak için tuz ve karabiber
- 2 yemek kaşığı zeytinyağı
- 1 karnabahar, çiçeklerine ayrılmış
- 1 salatalık, ince dilimlenmiş
- 1 demet turp, ince dilimlenmiş
- 2 yemek kaşığı Dijon hardalı
- Milföy hamurları
- 1 yumurta (yumurta yıkamak için)

TALİMATLAR:

a) Fırını 200°C'ye (400°F) önceden ısıtın.
b) Çipura filetolarını tuz ve karabiberle tatlandırın.
c) Bir tavada zeytinyağını orta-yüksek ateşte ısıtın. Çipura filetolarını her iki tarafı da hafifçe kızarana kadar kızartın. Bir kenara koyun.
ç) Aynı tavaya karnabahar çiçeklerini ekleyip yumuşayana kadar pişirin. Soğuması için bir kenara koyun.
d) Milföy hamurunu açın ve her çipura filetosunun üzerine Dijon hardalını yayın.
e) Her bir hamur yaprağına, kenarlarda boşluk bırakarak, bir kat kızarmış çipura filetosu yerleştirin.
f) Karnabahar çiçeklerini, salatalık dilimlerini ve turp dilimlerini çipura filetolarının üzerine dizin.
g) Milföy hamurunu balık ve sebze dolgusunun üzerine katlayın ve kenarlarını kapatın. İstenirse üstüne kafes deseni oluşturulabilir.
ğ) Yumurtayı çırpın ve altın rengi bir görünüm elde etmek için puf böreğinin üzerine fırçalayın.
h) Bream Wellington'ları bir fırın tepsisine yerleştirin ve 20-25 dakika veya hamur işi altın rengi kahverengi olana kadar pişirin.
ı) Servis yapmadan önce Karnabahar, Salatalık ve Turplu Çipura Wellington'un birkaç dakika dinlenmesine izin verin. En sevdiğiniz sosun bir tarafıyla veya otlarla zenginleştirilmiş hafif bir sosla servis yapın. Bu zarif ve lezzetli yemeğin tadını çıkarın!

30. Teksas Usulü Sığır Wellington

İÇİNDEKİLER:
- 2 lbs dana bonfile
- Tatmak için tuz ve karabiber
- 2 yemek kaşığı zeytinyağı
- 1 su bardağı karamelize soğan
- 1 su bardağı pişmiş ve doğranmış brisket (artık veya mağazadan satın alınmış)
- 1/4 bardak barbekü sosu
- Milföy hamurları
- Dijon hardalı
- 1 yumurta (yumurta yıkamak için)

TALİMATLAR:
a) Fırını 200°C'ye (400°F) önceden ısıtın.
b) Dana bonfileyi tuz ve karabiberle tatlandırın.
c) Bir tavada zeytinyağını orta-yüksek ateşte ısıtın. Dana bonfileyi her tarafı kızarana kadar kızartın. Bir kenara koyun.
ç) Aynı tavada karamelize soğanı, doğranmış göğüs etini ve barbekü sosunu karıştırın. Tatlar birbirine karışana kadar birkaç dakika pişirin. Karışımın soğumasına izin verin.
d) Milföy hamurunu açın ve Dijon hardalını dana bonfilenin üzerine yayın.
e) Hardal kaplı sığır etinin üzerine göğüs eti ve karamelize soğan karışımından bir kat koyun.
f) Sığır eti ve brisket karışımını, kenarlarını kapatarak puf böreğiyle sarın. İstenirse üstüne kafes deseni oluşturulabilir.
g) Yumurtayı çırpın ve altın rengi bir görünüm elde etmek için puf böreğinin üzerine fırçalayın.
ğ) Sarılı Texas Style Beef Wellington'u bir fırın tepsisine yerleştirin ve 25-30 dakika veya hamur işi altın rengi kahverengi olana kadar pişirin.
h) Dilimlemeden önce Texas Style Beef Wellington'un birkaç dakika dinlenmesine izin verin. Yanında ekstra barbekü sosuyla servis yapın. Karamelize soğan ve göğüs etinin zengin lezzetleriyle klasik Beef Wellington'da bu Teksaslı yorumun tadını çıkarın!

31. Sebze Wellington

İÇİNDEKİLER:
- 1 büyük patlıcan, ince halkalar halinde dilimlenmiş
- 2 kabak, ince şeritler halinde dilimlenmiş
- 1 kırmızı dolmalık biber, ince dilimlenmiş
- 1 sarı dolmalık biber, ince dilimlenmiş
- 1 su bardağı kiraz domates, ikiye bölünmüş
- 2 su bardağı ıspanak, doğranmış
- 1 su bardağı beyaz peynir, ufalanmış
- 2 yemek kaşığı zeytinyağı
- 2 diş sarımsak, kıyılmış
- Tatmak için tuz ve karabiber
- Milföy hamurları
- Dijon hardalı
- 1 yumurta (yumurta yıkamak için)

TALİMATLAR:
a) Fırını 200°C'ye (400°F) önceden ısıtın.
b) Bir tavada zeytinyağını orta ateşte ısıtın. Kıyılmış sarımsağı ekleyip kokusu çıkana kadar soteleyin.
c) Tavaya dilimlenmiş patlıcan, kabak ve biberleri ekleyin. Sebzeler yumuşayana kadar pişirin. Tuz ve karabiber ile tatlandırın.
ç) Kıyılmış ıspanak ve kiraz domatesleri karıştırın. Ispanaklar solana ve domatesler yumuşayana kadar pişirin. Karışımın soğumasına izin verin.
d) Milföy hamurunu açın ve Dijon hardalını hamurun üzerine yayın.
e) Pişen sebze karışımını hardalla kaplanmış hamurun üzerine yerleştirin.
f) Ufalanmış beyaz peyniri sebzelerin üzerine serpin.
g) Milföy hamurunu sebze ve peynir dolgusunun üzerine katlayın ve kenarlarını kapatın. İstenirse üstüne kafes deseni oluşturulabilir.
ğ) Yumurtayı çırpın ve altın rengi bir görünüm elde etmek için puf böreğinin üzerine fırçalayın.
h) Sarılı Sebze Wellington'u bir fırın tepsisine yerleştirin ve 25-30 dakika veya hamur işi altın rengi kahverengi olana kadar pişirin.
ı) Dilimlemeden önce Sebze Wellington'un birkaç dakika soğumasını bekleyin.

32.Jackalope Wellington

İÇİNDEKİLER:
- 2 lbs geyik eti veya tavşan eti, ince dövülmüş
- Tatmak için tuz ve karabiber
- 2 yemek kaşığı zeytinyağı
- 1 su bardağı yabani mantar (kuzugöbeği veya Cantharellus cibarius gibi), ince doğranmış
- 1 soğan, ince doğranmış
- 2 diş sarımsak, kıyılmış
- 1/4 bardak kırmızı şarap
- Milföy hamurları
- Dijon hardalı
- 1 yumurta (yumurta yıkamak için)

TALİMATLAR:
a) Fırını 200°C'ye (400°F) önceden ısıtın.
b) Dövülmüş geyik eti veya tavşan etini tuz ve karabiberle tatlandırın.
c) Bir tavada zeytinyağını orta-yüksek ateşte ısıtın. Soğanları ve sarımsakları yumuşayana kadar soteleyin.
ç) Doğranmış yabani mantarları tavaya ekleyin ve nemlerini bırakıncaya kadar pişirin.
d) Kırmızı şarabı dökün ve sıvı buharlaşana kadar pişirin. Karışımın soğumasına izin verin.
e) Milföy hamurunu açın ve Dijon hardalını etin üzerine yayın.
f) Hardalla kaplanmış etin üzerine mantar karışımından bir kat koyun.
g) Et ve mantar karışımını milföy hamuruyla kenarlarını kapatacak şekilde sarın. İstenirse üstüne kafes deseni oluşturulabilir.
ğ) Yumurtayı çırpın ve altın rengi bir görünüm elde etmek için puf böreğinin üzerine fırçalayın.
h) Sarılı Jackalope Wellington'u bir fırın tepsisine yerleştirin ve 25-30 dakika veya hamur işi altın rengi kahverengi olana kadar pişirin.
ı) Jackalope Wellington'un birkaç dakika dinlenmesine izin verin. Yabani meyve sosu veya en sevdiğiniz eşlikçilerle servis yapın. Bu yaratıcı ve lezzetli yemeğin tadını çıkarın!

33.İtalyan Sığır Wellington

İÇİNDEKİLER:
- 2 lbs dana bonfile
- Tatmak için tuz ve karabiber
- 2 yemek kaşığı zeytinyağı
- 1 bardak prosciutto, ince dilimlenmiş
- 1 su bardağı mantar, ince doğranmış
- 1 su bardağı ıspanak, doğranmış
- 1 su bardağı ricotta peyniri
- 2 diş sarımsak, kıyılmış
- 1 çay kaşığı kurutulmuş kekik
- Milföy hamurları
- 1 yumurta (yumurta yıkamak için)

TALİMATLAR:

a) Fırını 200°C'ye (400°F) önceden ısıtın.
b) Dana bonfileyi tuz ve karabiberle tatlandırın.
c) Bir tavada zeytinyağını orta-yüksek ateşte ısıtın. Dana bonfileyi her tarafı kızarana kadar kızartın. Bir kenara koyun.
ç) Aynı tavaya prosciuttoyu ekleyip hafif çıtır hale gelinceye kadar pişirin. Tavadan alın ve bir kenara koyun.
d) Aynı tavaya mantarları ve sarımsağı ekleyin. Mantarlar suyunu salıncaya kadar pişirin.
e) Doğranmış ıspanakları ekleyip suyunu çekene kadar pişirin. Ateşten alın ve karışımın soğumasını bekleyin.
f) Milföy hamurunu açın ve dana bonfile üzerine bir kat ricotta peyniri sürün.
g) Ricotta'nın üzerine bir kat prosciutto yerleştirin.
ğ) Mantar ve ıspanak karışımını prosciutto'nun üzerine yayın.
h) Milföy hamurunu katlanmış sığır etinin üzerine katlayın ve kenarlarını kapatarak doldurun. İstenirse üstüne kafes deseni oluşturulabilir.
ı) Yumurtayı çırpın ve altın rengi bir görünüm elde etmek için puf böreğinin üzerine fırçalayın.
i) Sarılı İtalyan Sığır Wellington'unu bir fırın tepsisine yerleştirin ve 25-30 dakika veya hamur işi altın kahverengi olana kadar pişirin.
j) Dilimlemeden önce İtalyan Sığır Wellington'unun birkaç dakika dinlenmesine izin verin. Yanında marinara sosu veya balzamik indirgeme ile servis yapın.
k) Klasik Wellington'daki bu İtalyan esintili yorumun tadını çıkarın!

34.Sebzeli Mercimek Wellington

İÇİNDEKİLER:
MERCİMEK DOLGUSU İÇİN:
- 1 su bardağı kurutulmuş yeşil veya kahverengi mercimek, pişmiş
- 1 soğan, ince doğranmış
- 2 diş sarımsak, kıyılmış
- 1 havuç, rendelenmiş
- 1 kereviz sapı, ince doğranmış
- 1 su bardağı mantar, ince doğranmış
- 1 çay kaşığı kurutulmuş kekik
- 1 çay kaşığı kurutulmuş biberiye
- Tatmak için tuz ve karabiber
- 2 yemek kaşığı domates salçası
- 1/2 su bardağı sebze suyu
- 1 su bardağı taze ıspanak, doğranmış

WELLINGTON İÇİN:
- Milföy hamurları
- Dijon hardalı
- 1 yumurta (yumurta yıkamak için)

TALİMATLAR:
MERCİMEK DOLGUSU İÇİN:
a) Bir tavada soğan ve sarımsakları zeytinyağında yumuşayana kadar soteleyin.
b) Rendelenmiş havuç, doğranmış kereviz ve mantarları ekleyin. Sebzeler yumuşayana kadar pişirin.
c) Pişmiş mercimek, kekik, biberiye, tuz ve karabiberi ekleyip karıştırın.
ç) Domates salçası ve sebze suyunu ekleyin. Karışım koyulaşana kadar pişirin.
d) Doğranmış taze ıspanakları ekleyip suyunu çekene kadar pişirin. Karışımın soğumasına izin verin.

WELLINGTON İÇİN:
e) Fırını 200°C'ye (400°F) önceden ısıtın.
f) Milföy hamurunu açın ve üzerine ince bir tabaka Dijon hardalı sürün.
g) Mercimek ve sebze karışımını hamurun ortasına kaşıkla dökün.

ğ) Milföy hamurunu mercimek dolgusunun üzerine katlayın ve kenarlarını kapatın. İstenirse üstüne kafes deseni oluşturulabilir.
h) Yumurtayı çırpın ve altın rengi bir görünüm elde etmek için puf böreğinin üzerine fırçalayın.
ı) Veggie Mercimek Wellington'u bir fırın tepsisine yerleştirin ve 25-30 dakika veya hamur işi altın rengi kahverengi olana kadar pişirin.
i) Dilimlemeden önce Veggie Mercimek Wellington'un birkaç dakika dinlenmesine izin verin. En sevdiğiniz vejetaryen sos veya sosun yanında servis yapın. Bu doyurucu ve lezzetli vejetaryen Wellington'un tadını çıkarın!

35. Portobello, Pekan ve Kestane Wellington

İÇİNDEKİLER:

DOLGU İÇİN:
- 4 büyük Portobello mantarı, sapları çıkarılmış
- 1 bardak ceviz, kızartılmış ve doğranmış
- 1 su bardağı kestane, kavrulmuş ve soyulmuş
- 2 yemek kaşığı zeytinyağı
- 1 soğan, ince doğranmış
- 3 diş sarımsak, kıyılmış
- 1 çay kaşığı taze kekik yaprağı
- Tatmak için tuz ve karabiber
- 1 su bardağı taze ıspanak, doğranmış
- 1/2 bardak ekmek kırıntısı
- 1/2 su bardağı sebze suyu

WELLINGTON İÇİN:
- Milföy hamurları
- Dijon hardalı
- 1 yumurta (yumurta yıkamak için)

TALİMATLAR:

DOLGU İÇİN:

a) Fırını 200°C'ye (400°F) önceden ısıtın.
b) Portobello mantarlarını bir fırın tepsisine yerleştirin. Üzerine zeytinyağı gezdirin, tuz ve karabiber ekleyin ve yumuşayana kadar yaklaşık 15-20 dakika kızartın. Soğumalarına izin verin.
c) Bir tavada soğan ve sarımsakları zeytinyağında yumuşayana kadar soteleyin.
ç) Tavaya doğranmış kestaneleri, kızarmış cevizleri ve taze kekiği ekleyin. Kokusu çıkana kadar birkaç dakika pişirin.
d) Taze ıspanakları ekleyip suyunu çekene kadar pişirin.
e) Tavaya ekmek kırıntılarını ve sebze suyunu ekleyerek nemli bir dolgu oluşturun. Tuz ve karabiberle tatlandırın.
f) Soğutulmuş Portobello mantarlarının solungaçlarını çıkarın ve hafifçe üst üste gelecek şekilde plastik bir örtü üzerine yerleştirin.
g) Ceviz, kestane ve ıspanak karışımını mantarların üzerine yayın.
ğ) Mantarları yuvarlayın ve plastik ambalajı kullanarak kütük şekline doldurun. Yaklaşık 30 dakika kadar buzdolabında dinlendirin.

WELLINGTON İÇİN:

h) Fırını 200°C'ye (400°F) önceden ısıtın.
ı) Milföy hamurunu açın ve üzerine ince bir tabaka Dijon hardalı sürün.
i) Soğutulmuş mantarı ve doldurma kütüğünü açın ve hamur işinin ortasına yerleştirin.
j) Milföy hamurunu kütüğün üzerine katlayın, kenarlarını kapatın. İstenirse üstüne kafes deseni oluşturulabilir.
k) Yumurtayı çırpın ve altın rengi bir görünüm elde etmek için puf böreğinin üzerine fırçalayın.
l) Kavrulmuş Portobello Mantarı, Ceviz ve Kestane Wellington'u bir fırın tepsisine yerleştirin ve 25-30 dakika veya hamur işi altın kahverengi olana kadar pişirin.
m) Dilimlemeden önce Wellington'un birkaç dakika dinlenmesine izin verin. En sevdiğiniz mantar sosu veya sosun yanında servis yapın. Bu zarif ve lezzetli vejetaryen Wellington'un tadını çıkarın!

36. Domuz eti Wellington

İÇİNDEKİLER:
DOMUZ İÇİN:
- 2 lbs domuz bonfile
- Tatmak için tuz ve karabiber
- 2 yemek kaşığı zeytinyağı
- Dijon hardalı

MANTAR DUXELLELERİ İÇİN:
- 2 su bardağı mantar, ince doğranmış
- 2 yemek kaşığı tereyağı
- 2 diş sarımsak, kıyılmış
- Tatmak için tuz ve karabiber
- 2 yemek kaşığı taze maydanoz, doğranmış

MONTAJ İÇİN:
- Milföy hamurları
- Prosciutto dilimleri
- 1 yumurta (yumurta yıkamak için)

TALİMATLAR:
DOMUZ İÇİN:
a) Fırını 200°C'ye (400°F) önceden ısıtın.
b) Domuz bonfilesini tuz ve karabiberle tatlandırın.
c) Bir tavada zeytinyağını orta-yüksek ateşte ısıtın. Domuz bonfilesini her tarafı kızarana kadar kızartın. Soğuması için bir kenara koyun.
ç) Soğuduktan sonra domuz etini Dijon hardalıyla fırçalayın.

MANTAR DUXELLELERİ İÇİN:
d) Aynı tavada orta ateşte tereyağını eritin. Kıyılmış sarımsağı ekleyip kokusu çıkana kadar soteleyin.
e) Doğranmış mantarları tavaya ekleyin ve nemlerini bırakıncaya kadar pişirin.
f) Tuz ve karabiber ile tatlandırın. Taze maydanozu karıştırın ve karışım iyice birleşene kadar pişirin . Soğumasına izin verin.

MONTAJ İÇİN:
g) Milföy hamurunu açın ve prosciutto dilimlerini hafifçe üst üste gelecek şekilde üstüne yerleştirin.
ğ) Prosciutto'nun üzerine ince bir tabaka mantarlı duxelles sürün.

h) Dijon ile fırçalanmış domuz bonfilesini mantar karışımının üzerine yerleştirin.
ı) Milföy hamurunu domuz etinin üzerine yuvarlayın ve kenarlarını kapatın. İstenirse üstüne kafes deseni oluşturulabilir.
i) Yumurtayı çırpın ve altın rengi bir görünüm elde etmek için puf böreğinin üzerine fırçalayın.
j) Pork Wellington'u bir fırın tepsisine yerleştirin ve 25-30 dakika veya hamur işi altın rengi kahverengi olana kadar pişirin.
k) Dilimlemeden önce Pork Wellington'un birkaç dakika dinlenmesine izin verin. En sevdiğiniz sos veya sos ile servis yapın. Klasik Wellington'daki bu lezzetli ve zarif yorumun tadını çıkarın!

37.Izgara Dana Wellington

İÇİNDEKİLER:
BİFTEK İÇİN:
- 2 lbs dana bonfile
- Tatmak için tuz ve karabiber
- 2 yemek kaşığı zeytinyağı
- Dijon hardalı

MANTAR DUXELLELERİ İÇİN:
- 2 su bardağı mantar, ince doğranmış
- 2 yemek kaşığı tereyağı
- 2 diş sarımsak, kıyılmış
- Tatmak için tuz ve karabiber
- 2 yemek kaşığı taze maydanoz, doğranmış

MONTAJ İÇİN:
- Milföy hamurları
- Prosciutto dilimleri
- 1 yumurta (yumurta yıkamak için)

TALİMATLAR:
BİFTEK İÇİN:
a) Izgarayı orta-yüksek ısıya kadar önceden ısıtın.
b) Dana bonfileyi tuz ve karabiberle tatlandırın.
c) Güzel bir kızartma elde etmek için sığır etinin her iki tarafını da birkaç dakika sıcak ızgarada kızartın. Bu adım meyve sularının kapatılması için önemlidir.
ç) Izgara bifteğin soğumasını bekleyin, ardından Dijon hardalıyla fırçalayın.

MANTAR DUXELLELERİ İÇİN:
d) Bir tavada orta ateşte tereyağını eritin. Kıyılmış sarımsağı ekleyip kokusu çıkana kadar soteleyin.
e) Doğranmış mantarları tavaya ekleyin ve nemlerini bırakıncaya kadar pişirin.
f) Tuz ve karabiber ile tatlandırın. Taze maydanozu karıştırın ve karışım iyice birleşene kadar pişirin . Soğumasına izin verin.

MONTAJ İÇİN:
g) Milföy hamurunu temiz bir yüzeyde açın.

ğ) Prosciutto dilimlerini puf böreğinin üzerine hafifçe üst üste gelecek şekilde yerleştirin.
h) Prosciutto'nun üzerine ince bir tabaka mantarlı duxelles sürün.
ı) Dijon usulü fırçalanmış ızgara dana bonfileyi mantar karışımının üzerine yerleştirin.
i) Milföy hamurunu etin üzerine yuvarlayın ve kenarlarını kapatın. İstenirse üstüne kafes deseni oluşturulabilir.
j) Yumurtayı çırpın ve altın rengi bir görünüm elde etmek için puf böreğinin üzerine fırçalayın.
k) Sarılı Wellington'u dikkatlice ızgaraya aktarın. Hamur işinin tabanının yanmasını önlemek için dolaylı ısı kullanın.
l) Beef Wellington'ı yaklaşık 20-25 dakika veya hamur işi altın rengi kahverengi olana ve sığır etinin iç sıcaklığı istediğiniz pişmişlik seviyesine ulaşana kadar ızgarada pişirin.
m) Dilimlemeden önce Izgara Sığır Wellington'un birkaç dakika dinlenmesine izin verin. En sevdiğiniz sos veya sos ile servis yapın. Izgaradaki dumanlı lezzetin tadını çıkarın!

38. İncir ve Adaçayı Türkiye Wellington

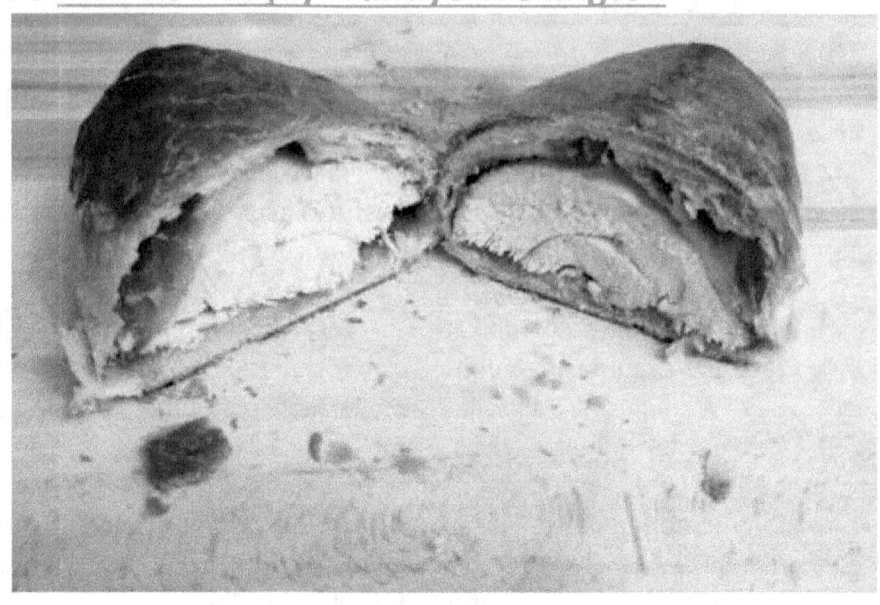

İÇİNDEKİLER:
TÜRKİYE İÇİN:
- 2 lbs hindi göğsü, kemiksiz ve derisiz
- Tatmak için tuz ve karabiber
- 2 yemek kaşığı zeytinyağı
- Dijon hardalı

İNCİR VE ADAY DOLMASI İÇİN:
- 1 su bardağı kuru incir, doğranmış
- 1 bardak ekmek kırıntısı
- 1/2 bardak ceviz, doğranmış
- 1/4 bardak taze adaçayı yaprağı, doğranmış
- 1 soğan, ince doğranmış
- 2 diş sarımsak, kıyılmış
- 2 yemek kaşığı tereyağı
- Tatmak için tuz ve karabiber
- 1/2 bardak tavuk veya hindi suyu

MONTAJ İÇİN:
- Milföy hamurları
- Prosciutto dilimleri
- 1 yumurta (yumurta yıkamak için)

TALİMATLAR:
TÜRKİYE İÇİN:
a) Fırını 200°C'ye (400°F) önceden ısıtın.
b) Hindi göğsünü tuz ve karabiberle tatlandırın.
c) Bir tavada zeytinyağını orta-yüksek ateşte ısıtın. Hindi göğsünü her tarafı kızarıncaya kadar kızartın. Soğuması için bir kenara koyun.
ç) Soğuduktan sonra hindiyi Dijon hardalıyla fırçalayın.

İNCİR VE ADAY DOLMASI İÇİN:
d) Aynı tavada orta ateşte tereyağını eritin. Doğranmış soğan ve sarımsağı ekleyin. Yumuşayıncaya kadar soteleyin.
e) Tavaya doğranmış incir, galeta unu, ceviz ve taze adaçayı ekleyin. Karışım iyice birleşene kadar birkaç dakika pişirin.
f) Tuz ve karabiber ile tatlandırın. Doldurmayı nemlendirmek için tavuk veya hindi suyunu dökün. Soğumasına izin verin.

MONTAJ İÇİN:

g) Milföy hamurunu temiz bir yüzeyde açın.
ğ) Prosciutto dilimlerini puf böreğinin üzerine hafifçe üst üste gelecek şekilde yerleştirin.
h) İncir ve adaçayı dolgusunu ince bir tabaka halinde prosciutto'nun üzerine yayın.
ı) Dijon fırçalanmış hindi göğsünü dolgunun üzerine yerleştirin.
i) Milföy hamurunu hindinin üzerine yuvarlayın ve kenarlarını kapatın. İstenirse üstüne kafes deseni oluşturulabilir.
j) Yumurtayı çırpın ve altın rengi bir görünüm elde etmek için puf böreğinin üzerine fırçalayın.
k) Sarılı İncir ve Adaçayı Hindi Wellington'u bir fırın tepsisine yerleştirin ve 30-35 dakika veya hamur işi altın rengi kahverengi olana kadar pişirin.
l) Dilimlemeden önce İncir ve Adaçayı Hindi Wellington'un birkaç dakika dinlenmesine izin verin. Yanında kızılcık sosu veya hindi sosuyla servis yapın. Bu şenlikli ve lezzetli Wellington'un tadını çıkarın!

39. Mavi Peynir ve Sığır Wellington

İÇİNDEKİLER:

BİFTEK İÇİN:
- 2 lbs dana bonfile
- Tatmak için tuz ve karabiber
- 2 yemek kaşığı zeytinyağı
- Dijon hardalı

MAVİ PEYNİR VE MANTARLI DUXELLELER İÇİN:
- 2 su bardağı mantar, ince doğranmış
- 2 yemek kaşığı tereyağı
- 2 diş sarımsak, kıyılmış
- Tatmak için tuz ve karabiber
- 1/2 bardak mavi peynir, ufalanmış
- 2 yemek kaşığı taze kekik yaprağı

MONTAJ İÇİN:
- Milföy hamurları
- Prosciutto dilimleri
- 1 yumurta (yumurta yıkamak için)

TALİMATLAR:

BİFTEK İÇİN:
a) Fırını 200°C'ye (400°F) önceden ısıtın.
b) Dana bonfileyi tuz ve karabiberle tatlandırın.
c) Bir tavada zeytinyağını orta-yüksek ateşte ısıtın. Dana bonfileyi her tarafı kızarana kadar kızartın. Soğuması için bir kenara koyun.
ç) Soğuduktan sonra dana etini Dijon hardalıyla fırçalayın.

MAVİ PEYNİR VE MANTARLI DUXELLELER İÇİN:
d) Aynı tavada orta ateşte tereyağını eritin. Kıyılmış sarımsağı ekleyip kokusu çıkana kadar soteleyin.
e) Doğranmış mantarları tavaya ekleyin ve nemlerini bırakıncaya kadar pişirin.
f) Tuz ve karabiber ile tatlandırın. Ufalanmış mavi peyniri ve taze kekiği karıştırın. Karışım iyice birleşene kadar pişirin. Soğumasına izin verin.

MONTAJ İÇİN:
g) Milföy hamurunu temiz bir yüzeyde açın.

ğ) Prosciutto dilimlerini puf böreğinin üzerine hafifçe üst üste gelecek şekilde yerleştirin.
h) Prosciutto'nun üzerine ince bir tabaka halinde mavi peynir ve mantarlı duxelles sürün.
ı) duxellelerin üzerine yerleştirin .
i) Milföy hamurunu sığır eti ve duxelles'in üzerine yuvarlayın ve kenarlarını kapatın. İstenirse üstüne kafes deseni oluşturulabilir.
j) Yumurtayı çırpın ve altın rengi bir görünüm elde etmek için puf böreğinin üzerine fırçalayın.
k) Sarılı Mavi Peyniri ve Sığır Wellington'u bir fırın tepsisine yerleştirin ve 25-30 dakika veya hamur işi altın kahverengi olana kadar pişirin.

40.Fırında puf böreği ile domuz eti bonfile

İÇİNDEKİLER:
- 1 yaprak puf böreği
- 1 domuz filetosu
- 6 dilim pastırma
- 6 dilim peynir
- 1 yumurta, dövülmüş

TALİMATLAR:
a) Fırını önceden 220 ° C'ye ısıtın.
b) Filetoyu biberle baharatlayın ve bir tavada kızartın.
c) Rezerve edin ve soğumaya bırakın.
ç) Puf böreği tabakasını uzatın.
d) Orta bölüme peynir dilimlerini ve ardından pastırma dilimlerini dana filetosunu saracak şekilde yerleştirin.
e) Bonfile soğuduktan sonra pastırmanın üzerine yerleştirin.
f) Son olarak milföy hamurunu kapatın.
g) Milföy hamuruna sarılı domuz bonfilesini çırpılmış yumurta ile yayın ve yaklaşık 30 dakika fırına koyun.

TR CROÛTE

41.Puf Böreğinde Belçika Somonu

İÇİNDEKİLER:
- 2 yaprak puf böreği, donmuşsa çözülmüş
- 2 somon filetosu, derisi alınmış
- 1 su bardağı taze ıspanak yaprağı
- 4 ons krem peynir, yumuşatılmış
- 2 yemek kaşığı doğranmış taze dereotu
- 1 yemek kaşığı Dijon hardalı
- Tatmak için biber ve tuz
- 1 yumurta, çırpılmış (yumurta yıkamak için)

TALİMATLAR:

a) Fırınınızı 200°C'ye (400°F) önceden ısıtın. Bir fırın tepsisini parşömen kağıdıyla hizalayın.

b) Her bir puf böreği yaprağını hafifçe unlanmış bir yüzeyde, bir somon filetoyu saracak kadar büyük olana kadar açın.

c) Bir karıştırma kabında yumuşatılmış krem peyniri, doğranmış taze dereotu, Dijon hardalı, tuz ve karabiberi birleştirin. Birleştirmek için iyice karıştırın.

ç) Açılan her bir puf böreği yaprağına bir somon filetosu yerleştirin. Somonu tuz ve karabiberle tatlandırın.

d) Her somon filetosunun üzerine bir kat taze ıspanak yaprağı yayın.

e) Krem peynir karışımını somon filetolarını kaplayacak şekilde ıspanak tabakasının üzerine eşit şekilde döküın.

f) Milföy hamurunu dikkatlice somonun ve dolgunun üzerine katlayın, kenarlarını birbirine bastırarak kapatın. Gerekirse fazla hamurları kesin.

g) Sarılmış somon paketlerini, dikiş tarafı aşağı gelecek şekilde hazırlanan fırın tepsisine aktarın.

ğ) Altın renkli ve parlak bir kabuk oluşturmak için her bir puf böreği paketinin üstünü çırpılmış yumurtayla fırçalayın.

h) Keskin bir bıçak kullanarak, pişirme sırasında buharın çıkmasını sağlamak için her bir hamur işinin üstüne birkaç yarık açın.

ı) Önceden ısıtılmış fırında yaklaşık 20-25 dakika veya puf böreği altın kahverengi olana ve somon tamamen pişene kadar pişirin.

i) Puf Böreğindeki Belçika Somonunu fırından çıkarın ve servis yapmadan önce birkaç dakika dinlendirin.

j) Somonu dilimleyin Kalın porsiyonlara bölün ve sıcak olarak servis yapın. Buharda pişmiş sebzelerin veya taze salataların yanında iyi uyum sağlar.

42. Seitan En Croute

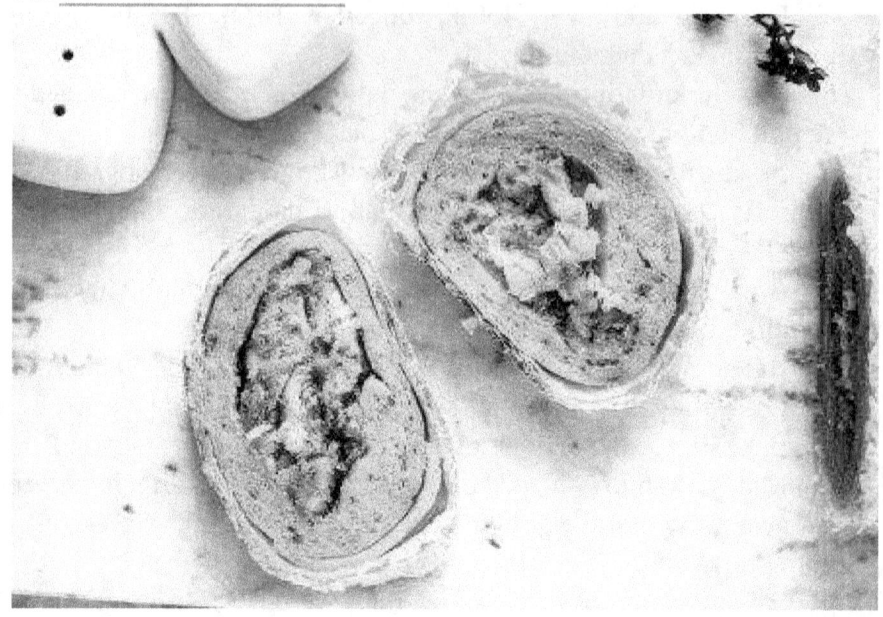

İÇİNDEKİLER:

- 1 yemek kaşığı zeytinyağı
- 2 orta boy arpacık soğan, kıyılmış
- ons beyaz mantar, kıyılmış
- $1/_{bardak}$ Madeira
- 1 yemek kaşığı kıyılmış taze maydanoz
- $1/_{çay}$ kaşığı kurutulmuş kekik
- $1/_{çay}$ kaşığı kurutulmuş tuzlu
- 2 su bardağı ince doğranmış kuru ekmek küpleri
- Tuz ve taze çekilmiş karabiber
- 1 dondurulmuş puf böreği tabakası, çözülmüş
- ($1/4_{inç}$ kalınlığında) seitan dilimleri yaklaşık 3 X 4 inç oval veya dikdörtgen şeklinde, hafifçe vurularak kurutuldu

TALİMATLAR:

a) Büyük bir tavada yağı orta ateşte ısıtın.

b) Arpacık soğanı ekleyin ve yumuşayana kadar yaklaşık 3 dakika pişirin. Mantarları ekleyin ve mantarlar yumuşayana kadar ara sıra karıştırarak yaklaşık 5 dakika pişirin.

c) Madiera'yı, maydanozu, kekiği ve tuzluyu ekleyin ve sıvı neredeyse buharlaşana kadar pişirin. Ekmek küplerini karıştırın ve tuz ve karabiberle tatlandırın. Soğuması için bir kenara koyun.

ç) Puf böreği tabakasını düz bir çalışma yüzeyi üzerindeki büyük bir plastik film parçasının üzerine yerleştirin. Üstüne başka bir plastik sargı parçası koyun ve hamuru düzeltmek için bir oklava kullanarak hamuru hafifçe açın. Pastayı dörde bölün.

d) Her bir hamur parçasının ortasına 1 dilim seitan yerleştirin. İç malzemeyi aralarına paylaştırıp seitanı kaplayacak şekilde yayın. Her birini kalan seitan dilimleriyle doldurun. Hamuru iç malzemeyi kapatacak şekilde katlayın, kenarlarını parmaklarınızla kıvırarak kapatın.

e) Hamur paketlerini, yağlanmamış büyük bir fırın tepsisine dikiş tarafı aşağı bakacak şekilde yerleştirin ve 30 dakika buzdolabında saklayın.

f) Fırını önceden 400°F'ye ısıtın. Kabuk altın kahverengi olana kadar yaklaşık 20 dakika pişirin. Derhal servis yapın.

43.Tavuk ve Mantar En Croûte

İÇİNDEKİLER:
- 4 tavuk göğsü
- Tatmak için tuz ve karabiber
- Zeytin yağı
- 1 bardak mantar, dilimlenmiş
- 2 diş sarımsak, kıyılmış
- Milföy hamurları
- Krem peynir
- Taze kekik yaprakları
- 1 yumurta (yumurta yıkamak için)

TALİMATLAR:
a) Fırını 200°C'ye (400°F) önceden ısıtın.
b) Tavuk göğüslerini tuz ve karabiberle tatlandırın.
c) Bir tavada mantarları ve sarımsakları zeytinyağında yumuşayana kadar soteleyin.
ç) Milföy hamurunu açın ve bir kat krem peynir sürün.
d) Üzerine tavuk göğsü koyun, üzerine mantarları kaşıklayın ve üzerine taze kekik serpin.
e) Milföy hamurunu tavuğun üzerine katlayın, kenarlarını kapatın.
f) Yumurtayı çırpın ve milföy hamurlarının üzerine sürün.
g) 25-30 dakika veya hamur işi altın rengi kahverengi olana kadar pişirin.

44. Sebzeli Croûte

İÇİNDEKİLER:

- 1 patlıcan, dilimlenmiş
- 2 kabak, dilimlenmiş
- 1 kırmızı dolmalık biber, dilimlenmiş
- Zeytin yağı
- Tatmak için tuz ve karabiber
- Milföy hamurları
- Pesto Sos
- Beyaz peynir, ufalanmış
- 1 yumurta (yumurta yıkamak için)

TALİMATLAR:

a) Fırını 200°C'ye (400°F) önceden ısıtın.
b) Patlıcan, kabak ve kırmızı dolmalık biber dilimlerini zeytinyağı, tuz ve karabiberle atın.
c) Milföy hamurunu açın ve bir kat pesto sosu yayın.
ç) Sebze dilimlerini pesto kaplı hamur işinin üzerine yerleştirin, üzerine ufalanmış beyaz peynir serpin.
d) Milföy hamurunu sebzelerin üzerine katlayın, kenarlarını kapatın.
e) Yumurtayı çırpın ve milföy hamurlarının üzerine sürün.
f) 20-25 dakika veya hamur işi altın rengi kahverengi olana kadar pişirin.

45. Sığır eti ve mavi peynir Croûte

İÇİNDEKİLER:
- 1 lb. dana bonfile, ince dilimlenmiş
- Tatmak için tuz ve karabiber
- Zeytin yağı
- Milföy hamurları
- Mavi peynir, ufalanmış
- Karamelize edilmiş soğanlar
- 1 yumurta (yumurta yıkamak için)

TALİMATLAR:
a) Fırını 200°C'ye (400°F) önceden ısıtın.
b) Sığır dilimlerini tuz ve karabiberle tatlandırın.
c) Bir tavada et dilimlerini zeytinyağında rengi dönene kadar kızartın.
ç) Milföy hamurunu açın ve üzerine mavi peynir koyun.
d) Üzerine dana dilimlerini yerleştirin , karamelize soğanı ekleyin .
e) Milföy hamurunu et ve soğanın üzerine katlayın ve kenarlarını kapatın.
f) Yumurtayı çırpın ve milföy hamurlarının üzerine sürün.
g) 20-25 dakika veya hamur işi altın rengi kahverengi olana kadar pişirin.

46.Ispanak ve Feta En Croûte

İÇİNDEKİLER:
- Milföy hamurları
- 2 su bardağı taze ıspanak, doğranmış
- 1 su bardağı beyaz peynir, ufalanmış
- 1/4 su bardağı çam fıstığı
- 2 diş sarımsak, kıyılmış
- Zeytin yağı
- Tatmak için tuz ve karabiber
- 1 yumurta (yumurta yıkamak için)

TALİMATLAR:
a) Fırını 200°C'ye (400°F) önceden ısıtın.
b) Milföy hamurunu açın ve bir kat doğranmış taze ıspanağı yayın.
c) Ispanağın üzerine ufalanmış beyaz peyniri, çam fıstığını ve kıyılmış sarımsağı serpin.
ç) Zeytinyağını gezdirip tuz ve karabiberle tatlandırın.
d) Milföy hamurunu dolgunun üzerine katlayın, kenarlarını kapatın.
e) Yumurtayı çırpın ve milföy hamurlarının üzerine sürün.
f) 20-25 dakika veya hamur işi altın rengi kahverengi olana kadar pişirin.

47. Ratatouille En Croûte

İÇİNDEKİLER:
- Milföy hamurları
- 1 patlıcan, dilimlenmiş
- 2 kabak, dilimlenmiş
- 1 dolmalık biber, doğranmış
- 1 soğan, doğranmış
- 2 domates, dilimlenmiş
- Zeytin yağı
- Herbes de Provence
- Tatmak için tuz ve karabiber
- 1 yumurta (yumurta yıkamak için)

TALİMATLAR:
a) Fırını 200°C'ye (400°F) önceden ısıtın.
b) Milföy hamurunu açın ve üzerine dilimlenmiş patlıcan, kabak, dolmalık biber, soğan ve domates dizin.
c) Zeytinyağını gezdirin, Herbes de Provence, tuz ve karabiber serpin.
ç) Milföy hamurunu sebzelerin üzerine katlayın, kenarlarını kapatın.
d) Yumurtayı çırpın ve milföy hamurlarının üzerine sürün.
e) 25-30 dakika veya hamur işi altın rengi kahverengi olana kadar pişirin.

48.Karides ve Kuşkonmaz En Croûte

İÇİNDEKİLER:
- Milföy hamurları
- 1 lb karides, soyulmuş ve ayrılmış
- 1 demet kuşkonmaz, doğranmış
- 2 yemek kaşığı zeytinyağı
- Sarımsak tozu
- Limon kabuğu rendesi
- Tatmak için tuz ve karabiber
- 1 yumurta (yumurta yıkamak için)

TALİMATLAR:
a) Fırını 200°C'ye (400°F) önceden ısıtın.
b) Milföy hamurunu açın ve üzerine karides ve kuşkonmazı katlayın.
c) Üzerine zeytinyağı gezdirin, sarımsak tozu, limon kabuğu rendesi, tuz ve karabiber serpin.
ç) Milföy hamurunu karides ve kuşkonmazın üzerine katlayın ve kenarlarını kapatın.
d) Yumurtayı çırpın ve milföy hamurlarının üzerine sürün.
e) 20-25 dakika veya hamur işi altın rengi kahverengi olana kadar pişirin.

49.Elma ve Brie En Croûte

İÇİNDEKİLER:
- Milföy hamurları
- 2 elma, ince dilimlenmiş
- Brie peyniri, dilimlenmiş
- 1/4 bardak bal
- 1/4 su bardağı kıyılmış ceviz
- Tarçın
- 1 yumurta (yumurta yıkamak için)

TALİMATLAR:
a) Fırını 200°C'ye (400°F) önceden ısıtın.
b) Milföy hamurunu açın ve üzerine dilimlenmiş elmaları ve Brie'yi katlayın.
c) gezdirin , kıyılmış ceviz serpin ve bir tutam tarçın serpin.
ç) Milföy hamurunu elmaların ve Brie'nin üzerine katlayın ve kenarlarını kapatın.
d) Yumurtayı çırpın ve milföy hamurlarının üzerine sürün.
e) 20-25 dakika veya hamur işi altın rengi kahverengi olana kadar pişirin.

50.Çörek

İÇİNDEKİLER:

- 1 tekerlek Brie peyniri (yaklaşık 8 ons)
- 1 yaprak puf böreği, çözülmüş
- 2-3 yemek kaşığı meyve konservesi (kayısı, incir veya ahududu işe yarar)
- 1 yumurta (yumurta yıkamak için)
- Kraker veya dilimlenmiş baget (servis için)

TALİMATLAR:

a) Fırını 200°C'ye (400°F) önceden ısıtın.
b) Milföy hamurunu hafifçe unlanmış bir yüzeyde açın, Brie'yi tamamen kaplayacak kadar büyük olduğundan emin olun.
c) Brie çarkını puf böreğinin ortasına yerleştirin.
ç) Brie'nin üzerine meyve konservelerini yayın. Yavaşça eşit şekilde yaymak için kaşığın arkasını kullanabilirsiniz.
d) Milföy hamurunu Brie'nin üzerine tamamen kapatacak şekilde katlayın. Kenarlarını birbirine bastırarak kapatın.
e) Yumurtayı çırpın ve puf böreğinin tüm yüzeyine fırçalayın. Bu, pişirildiğinde ona güzel bir altın rengi verecektir.
f) Sarılı Brie'yi parşömen kağıdıyla kaplı bir fırın tepsisine yerleştirin.
g) Önceden ısıtılmış fırında 20-25 dakika veya puf böreği altın kahverengi ve gevrek oluncaya kadar pişirin.
ğ) Brie En'e izin ver Servis yapmadan önce birkaç dakika soğumasını bekleyin.
h) Kraker veya dilimlenmiş baget ile servis yapın. Daha fazla tatlılık için üstüne ilave meyve konserveleri de gezdirebilirsiniz.
ı) Pul puf böreğine sarılmış Brie'nin yapışkan, eriyen iyiliğinin tadını çıkarın!
i) Bu Brie En Croûte, çeşitli durumlar için zarif ve kalabalıkları memnun eden bir mezedir.

51.Rustik Pâté ve Croûte

İÇİNDEKİLER:
PATÉ İÇİN:
- 1 lb domuz omuzu, ince öğütülmüş
- 1/2 lb. tavuk ciğeri, kesilmiş
- 1/2 bardak pastırma, ince doğranmış
- 1 küçük soğan, ince doğranmış
- 2 diş sarımsak, kıyılmış
- 1 çay kaşığı kurutulmuş kekik
- 1 çay kaşığı kurutulmuş biberiye
- 1/2 bardak brendi
- Tatmak için tuz ve karabiber
- 1 yumurta (yumurta yıkamak için)

KABUĞU İÇİN:
- 2 yaprak puf böreği, çözülmüş
- Dijon hardalı

TALİMATLAR:
PATÉ İÇİN:
a) Fırını önceden 375°F'ye (190°C) ısıtın.
b) Bir tavada pastırmayı gevrekleşene kadar soteleyin. Soğan ve sarımsağı ekleyip yumuşayana kadar pişirin.
c) Tavaya kıymayı, tavuk ciğeri, kekik, biberiye, tuz ve karabiberi ekleyin. Et kızarana kadar pişirin.
ç) Brendi dökün ve sıvının çoğu buharlaşana kadar birkaç dakika kaynamaya bırakın. Karışımın soğumasına izin verin.

KABUĞU İÇİN:
d) Hafifçe unlanmış bir yüzeyde bir adet milföy hamurunu açın.
e) Hamurun üzerine ince bir tabaka Dijon hardalı sürün.
f) Soğuyan pate karışımını hamurun ortasına yerleştirin.
g) İkinci milföy hamurunu açın ve pate karışımının üzerine yerleştirin.
ğ) Hamurun kenarlarını boşluk kalmayacak şekilde kapatın.
h) Yumurtayı çırpın ve altın rengi bir görünüm elde etmek için hamur işinin tüm yüzeyine fırçalayın.
ı) Hamurun üzerinde dekoratif desenler oluşturmak için bir bıçak kullanın.

i) Pâté'yi yerleştirin Parşömen kağıdıyla kaplı bir fırın tepsisine kroşe yapın.
j) Önceden ısıtılmış fırında 35-40 dakika veya hamur altın rengi kahverengi olana kadar pişirin.
k) Rustik Pâté'ye izin ver Dilimlemeden önce biraz soğumasını bekleyin.
l) Rustik Pâté'yi servis edin Enfes bir meze için cornichons, Dijon hardalı ve çıtır ekmek ile croûte. Zengin ve lezzetli lezzetlerin tadını çıkarın!

52. Filet de Boeuf en Croûte

İÇİNDEKİLER:

BİFTEK İÇİN:
- 2 lbs dana bonfile
- Tatmak için tuz ve karabiber
- 2 yemek kaşığı zeytinyağı
- Dijon hardalı

MANTAR DUXELLELERİ İÇİN:
- 2 su bardağı mantar, ince doğranmış
- 2 yemek kaşığı tereyağı
- 2 diş sarımsak, kıyılmış
- Tatmak için tuz ve karabiber
- 2 yemek kaşığı taze kekik yaprağı

MONTAJ İÇİN:
- Milföy hamurları
- Prosciutto dilimleri
- 1 yumurta (yumurta yıkamak için)

TALİMATLAR:

BİFTEK İÇİN:

a) Fırını 200°C'ye (400°F) önceden ısıtın.
b) Dana bonfileyi tuz ve karabiberle tatlandırın.
c) Bir tavada zeytinyağını orta-yüksek ateşte ısıtın. Dana bonfileyi her tarafı kızarana kadar kızartın. Soğuması için bir kenara koyun.
ç) Soğuduktan sonra dana etini Dijon hardalıyla fırçalayın.

MANTAR DUXELLELERİ İÇİN:

d) Aynı tavada orta ateşte tereyağını eritin. Kıyılmış sarımsağı ekleyip kokusu çıkana kadar soteleyin.
e) Doğranmış mantarları tavaya ekleyin ve nemlerini bırakıncaya kadar pişirin.
f) Tuz ve karabiber ile tatlandırın. Taze kekiği karıştırın ve karışım iyice birleşene kadar pişirin. Soğumasına izin verin.

MONTAJ İÇİN:

g) Milföy hamurunu temiz bir yüzeyde açın.
ğ) Prosciutto dilimlerini puf böreğinin üzerine hafifçe üst üste gelecek şekilde yerleştirin.
h) Prosciutto'nun üzerine ince bir tabaka mantarlı duxelles sürün.

ı) duxellelerin üzerine yerleştirin .
i) Milföy hamurunu sığır eti ve duxelles'in üzerine yuvarlayın ve kenarlarını kapatın. İstenirse üstüne kafes deseni oluşturulabilir.
j) Yumurtayı çırpın ve altın rengi bir görünüm elde etmek için puf böreğinin üzerine fırçalayın.
k) Sarılmış Filet de Boeuf'ü yerleştirin . Bir fırın tepsisine yerleştirin ve 25-30 dakika veya hamur işi altın rengi kahverengi olana kadar pişirin.
l) Filet de Boeuf'e izin ver Dilimlemeden önce birkaç dakika dinlendirin . Kırmızı şarap azaltımı veya en sevdiğiniz sosla servis yapın. Fransız esintili bu Beef Wellington'un tadını çıkarın!

53.Ördek Pâté en Croûte

İÇİNDEKİLER:
ÖRDEK DOLGUSU İÇİN:
- 1 lb. ördek eti, ince öğütülmüş
- 1/2 lb domuz omuzu, ince öğütülmüş
- 1/2 su bardağı ördek ciğeri, ince doğranmış
- 1 küçük soğan, ince doğranmış
- 2 diş sarımsak, kıyılmış
- 2 yemek kaşığı brendi
- 1 çay kaşığı kurutulmuş kekik
- 1 çay kaşığı kurutulmuş biberiye
- Tatmak için tuz ve karabiber

KABUĞU İÇİN:
- 2 yaprak puf böreği, çözülmüş
- 1 yumurta (yumurta yıkamak için)

TALİMATLAR:
ÖRDEK DOLGUSU İÇİN:
a) Fırını önceden 375°F'ye (190°C) ısıtın.
b) Büyük bir karıştırma kabında öğütülmüş ördek, domuz kıyması, doğranmış ördek ciğeri, doğranmış soğan, kıyılmış sarımsak, brendi, kurutulmuş kekik, kurutulmuş biberiye, tuz ve karabiberi birleştirin. Tüm malzemeler eşit şekilde dağılıncaya kadar iyice karıştırın.
c) Bir tavada, baharat olarak tatmak için karışımdan az miktarda pişirin. Gerekirse tuzunu ve biberini ayarlayın.

KABUĞU İÇİN:
ç) Hafifçe unlanmış bir yüzeyde bir adet milföy hamurunu açın. Bu temel olacak.
d) Ördek karışımının yarısını, açılan puf böreğinin üzerine, ortası boyunca bir kütük şekli oluşturacak şekilde yerleştirin.
e) İkinci milföy hamurunu açın ve kenarlarını kapatacak şekilde ördek karışımının üzerine yerleştirin. Gerekirse fazla hamurları kesin.
f) Yumurtayı çırpın ve altın rengi bir görünüm elde etmek için puf böreğinin tüm yüzeyine fırçalayın.
g) Hamurun üzerinde dekoratif desenler oluşturmak için bir bıçak kullanın.

ğ) Ördek Pâté'yi yerleştirin Parşömen kağıdıyla kaplı bir fırın tepsisine kroşe yapın.

h) Önceden ısıtılmış fırında 35-40 dakika veya hamur işi altın rengi kahverengi olana ve iç sıcaklık en az 71°C'ye ulaşana kadar pişirin.

ı) Duck Pâté'ye izin ver Dilimlemeden önce biraz soğumasını bekleyin

i) Duck Pâté'yi servis edin Zarif bir meze veya şarküteri tabağının bir parçası olarak çıtır ekmek, Dijon hardalı ve turşu ile croûte. Bu klasik Fransız yemeğinin zengin ve lezzetli lezzetlerinin tadını çıkarın!

54. Tavuk ve Salamlı, İsviçre ve Mavi Peynirli Croûte

İÇİNDEKİLER:

TAVUK DOLGUSU İÇİN:
- 4 kemiksiz, derisiz tavuk göğsü
- Tatmak için tuz ve karabiber
- 2 su bardağı taze ıspanak, doğranmış
- 1/2 bardak baharatlı salam, ince dilimlenmiş
- 1/2 bardak İsviçre peyniri, rendelenmiş
- 1/4 bardak mavi peynir, ufalanmış
- 2 diş sarımsak, kıyılmış
- 2 yemek kaşığı zeytinyağı

MİLF BÖREĞİ İÇİN:
- 2 yaprak puf böreği, çözülmüş
- Dijon hardalı

MONTAJ İÇİN:
- 1 yumurta (yumurta yıkamak için)

TALİMATLAR:

TAVUK DOLGUSU İÇİN:
a) Fırını 200°C'ye (400°F) önceden ısıtın.
b) Tavuk göğüslerini tuz ve karabiberle tatlandırın.
c) Bir tavada zeytinyağını orta-yüksek ateşte ısıtın. Kıyılmış sarımsakları kokusu çıkana kadar soteleyin.
ç) Doğranmış ıspanakları tavaya ekleyin ve suyunu çekene kadar pişirin. Isıdan çıkarın ve soğumaya bırakın.
d) Tavuk göğüslerini dizin ve et döveceği yardımıyla hafifçe düzleştirin.
e) Her tavuk göğsüne Dijon hardalı sürün.
f) Sotelenmiş ıspanak, baharatlı salam, İsviçre peyniri ve mavi peyniri her tavuk göğsünün üzerine eşit şekilde dağıtın.
g) Doldurmayı kaplamak için her tavuk göğsünü yuvarlayın. Gerekirse kürdanla sabitleyin.

MİLF BÖREĞİ İÇİN:
ğ) Hafifçe unlanmış bir yüzeyde bir adet milföy hamurunu açın.
h) Sardığınız tavuk göğüslerini milföy hamurlarının ortasına yerleştirin.

ı) İkinci milföy hamurunu açın ve kenarlarını kapatacak şekilde tavuğun üzerine yerleştirin. Gerekirse fazla hamurları kesin.
i) Yumurtayı çırpın ve altın rengi bir görünüm elde etmek için puf böreğinin tüm yüzeyine fırçalayın.
j) Hamurun üzerinde dekoratif desenler oluşturmak için bir bıçak kullanın.
k) Tavuğu yerleştirin Parşömen kağıdıyla kaplı bir fırın tepsisine kroşe yapın.
l) Önceden ısıtılmış fırında 25-30 dakika veya hamur işi altın rengi kahverengi olana ve tavuğun iç sıcaklığı 74°C'ye (165°F) ulaşana kadar pişirin.
m) Tavuğa izin ver Dilimlemeden önce birkaç dakika dinlendirin.

55.Hava Fritözü Somon ve Croûte

İÇİNDEKİLER:
SOMON İÇİN:
- 4 somon filetosu
- Tatmak için tuz ve karabiber
- 1 yemek kaşığı Dijon hardalı
- 1 yemek kaşığı zeytinyağı
- Limon kabuğu rendesi

MİLF BÖREĞİ İÇİN:
- 2 yaprak puf böreği, çözülmüş
- Toz almak için un
- 1 yumurta (yumurta yıkamak için)

TALİMATLAR:
SOMON İÇİN:
a) Hava fritözünüzü 190°C'ye (375°F) önceden ısıtın.
b) Somon filetolarını tuz, karabiber ve biraz zeytinyağı ile tatlandırın.
c) Her somon filetosunun üzerine ince bir tabaka Dijon hardalı sürün.
ç) Hardal kaplı somonun üzerine limon kabuğu rendesi serpin.

MİLF BÖREĞİ İÇİN:
d) Milföy hamurlarını hafifçe unlanmış bir yüzeyde açın.
e) Her bir tabakayı bir somon filetoyu saracak büyüklükte kesin.
f) Her bir puf böreği parçasının ortasına bir somon filetosu yerleştirin.
g) Milföy hamurunu somonun üzerine katlayın ve kenarlarını kapatın. Gerekirse fazla hamurları kesin.
ğ) Yumurtayı çırpın ve altın rengi bir görünüm elde etmek için puf böreğinin tüm yüzeyine fırçalayın.
h) Sarılmış somon filetolarını dikkatlice hava fritözü sepetine aktarın.
ı) 190°C'de (375°F) 15-20 dakika veya puf böreği altın rengi kahverengi olana ve somon iyice pişene kadar havada kızartın.
i) Hava Fritözü Somonuna İzin Ver Servis yapmadan önce birkaç dakika dinlendirin .

56.Nepal Gökkuşağı Alabalığı ve Croûte

İÇİNDEKİLER:
Alabalık İçin:
- 4 adet gökkuşağı alabalığı filetosu
- Tatmak için tuz ve karabiber
- 1 yemek kaşığı bitkisel yağ
- 1 çay kaşığı öğütülmüş kimyon
- 1 çay kaşığı öğütülmüş kişniş
- 1 çay kaşığı zerdeçal
- 1 çay kaşığı garam masala
- 1 çay kaşığı pul biber (damak tadınıza göre ayarlayın)
- 1 misket limonunun suyu

MİLF BÖREĞİ İÇİN:
- 2 yaprak puf böreği, çözülmüş
- Toz almak için un
- 1 yumurta (yumurta yıkamak için)

DOLGU İÇİN:
- 1 su bardağı pişmiş basmati pirinci
- 1/2 bardak bezelye, pişmiş
- 1/2 bardak kıyılmış kişniş
- 1/2 su bardağı kıyılmış nane
- 1/4 bardak kızarmış kaju fıstığı, doğranmış
- Tatmak için tuz ve karabiber

TALİMATLAR:
Alabalık İçin:

a) Fırınınızı 200°C'ye (400°F) önceden ısıtın.

b) Alabalık filetolarını kağıt havluyla kurulayın ve tuz ve karabiberle tatlandırın.

c) Küçük bir kapta öğütülmüş kimyon, öğütülmüş kişniş, zerdeçal, garam masala, kırmızı biber tozu ve limon suyunu karıştırıp bir baharat ezmesi oluşturun.

ç) Baharat ezmesini her alabalık filetosunun her iki tarafına da sürün.

d) Bitkisel yağı bir tavada orta-yüksek ateşte ısıtın. Alabalık filetolarının her iki yüzünü de 1-2 dakika, dış kısımlarının kızarması için kızartın. Ateşten alın.

DOLGU İÇİN:

e) Bir kasede pişmiş basmati pirinci, bezelye, kıyılmış kişniş, kıyılmış nane ve kızarmış kaju fıstıklarını birleştirin. Tuz ve karabiber ile tatlandırın. İyice karıştırın.

MİLF BÖREĞİ İÇİN:
f) Milföy hamurlarını hafifçe unlanmış bir yüzeyde açın.
g) Her bir puf böreği parçasının ortasına pirinç ve ot dolgusunun bir kısmını yerleştirin.
ğ) Pirinç dolgusunun üzerine kavrulmuş alabalık filetosunu koyun.
h) Milföy hamurunu alabalığın üzerine katlayın, kenarlarını kapatın. Gerekirse fazla hamurları kesin.
ı) Yumurtayı çırpın ve altın rengi bir görünüm elde etmek için puf böreğinin tüm yüzeyine fırçalayın.

PİŞİRME:
i) Sarılı alabalığı dikkatlice parşömen kağıdıyla kaplı bir fırın tepsisine aktarın.
j) Önceden ısıtılmış fırında 20-25 dakika veya puf böreği altın rengi kahverengi olana kadar pişirin.
k) Nepal Gökkuşağı Alabalığına izin ver Servis yapmadan önce birkaç dakika dinlendirin .

57. Nar Brie en Croûte

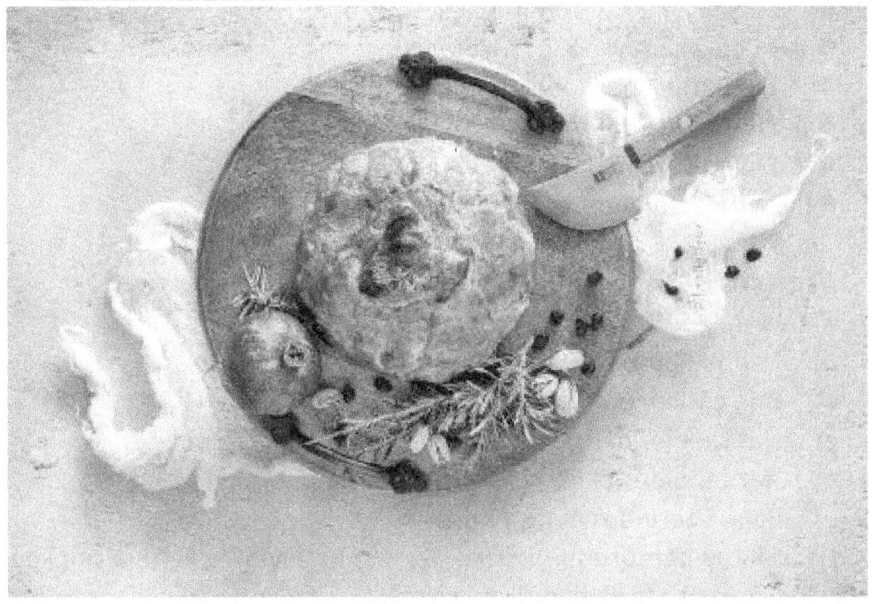

İÇİNDEKİLER:

- 1 tekerlek Brie peyniri (yaklaşık 8 ons)
- 1 yaprak puf böreği, çözülmüş
- 1/2 bardak nar taneleri
- 1/4 bardak bal
- 1/4 su bardağı kıyılmış ceviz veya ceviz
- 1 yumurta (yumurta yıkamak için)

TALİMATLAR:

a) Fırını 200°C'ye (400°F) önceden ısıtın.
b) Milföy hamurunu hafifçe unlanmış bir yüzeyde açın.
c) Brie çarkını puf böreğinin ortasına yerleştirin.
ç) Nar tanelerini Brie'nin üzerine eşit şekilde serpin.
d) Nar tanelerinin üzerine balı gezdirin.
e) Balın üzerine kıyılmış fındık serpin.
f) Milföy hamurunu Brie'nin üzerine katlayın ve kenarlarını kapatın. Gerekirse fazla hamurları kesin.
g) Yumurtayı çırpın ve altın rengi bir görünüm elde etmek için puf böreğinin tüm yüzeyine fırçalayın.
ğ) Hamurun üzerinde dekoratif desenler oluşturmak için bir bıçak kullanın.
h) Nar Brie'yi dikkatlice aktarın Parşömen kağıdıyla kaplı bir fırın tepsisine croûte yapın .
ı) Önceden ısıtılmış fırında 20-25 dakika veya puf böreği altın rengi kahverengi olana kadar pişirin.
i) Nar Brie'ye izin ver Servis yapmadan önce birkaç dakika dinlendirin .

58. Pisi balığı ve Tarhun Limon Kremalı Croûte

İÇİNDEKİLER:

HALİBUT İÇİN:
- 4 pisi balığı filetosu (her biri 6 ons)
- Tatmak için tuz ve karabiber
- 1 yemek kaşığı zeytinyağı
- 1 yemek kaşığı Dijon hardalı
- 1 yemek kaşığı taze limon suyu

MİLF BÖREĞİ İÇİN:
- 2 yaprak puf böreği, çözülmüş
- Toz almak için un
- 1 yumurta (yumurta yıkamak için)

TARLAGON LİMON KREMASI İÇİN:
- 1 bardak ağır krema
- 1 limon kabuğu rendesi ve
- 1 yemek kaşığı taze limon suyu
- 2 yemek kaşığı taze tarhun, doğranmış
- Tatmak için tuz ve karabiber

TALİMATLAR:

HALİBUT İÇİN:
a) Fırını 200°C'ye (400°F) önceden ısıtın.
b) Halibut filetolarını tuz ve karabiberle tatlandırın.
c) Küçük bir kapta zeytinyağı, Dijon hardalı ve taze limon suyunu karıştırın.
ç) Halibut filetolarını hardal ve limon karışımıyla fırçalayın.

MİLF BÖREĞİ İÇİN:
d) Milföy hamurlarını hafifçe unlanmış bir yüzeyde açın.
e) Her bir puf böreği parçasının ortasına bir halibut filetosu yerleştirin.
f) İkinci milföy hamurunu açın ve halibut filetolarının üzerine kenarlarını kapatacak şekilde yerleştirin. Gerekirse fazla hamurları kesin.
g) Yumurtayı çırpın ve altın rengi bir görünüm elde etmek için puf böreğinin tüm yüzeyine fırçalayın.

PİŞİRME:

ğ) Sarılı pisi balığını dikkatlice parşömen kağıdıyla kaplı bir fırın tepsisine aktarın.
h) Önceden ısıtılmış fırında 20-25 dakika veya puf böreği altın rengi kahverengi olana ve halibut tamamen pişene kadar pişirin.

TARLAGON LİMON KREMASI İÇİN:
ı) Bir tencerede ağır kremayı orta ateşte ısıtın.
i) Limon kabuğu rendesi, limon suyu, doğranmış tarhun, tuz ve karabiberi ekleyin. İyice karıştırın.
j) Krema karışımını hafifçe koyulaşana kadar birkaç dakika pişirin.

TOPLANTI:
k) Bir zamanlar Halibut en Croûte Piştikten sonra birkaç dakika dinlenmeye bırakın.
l) Halibut'u Tarhun Limonlu Kremalı bir tabakta servis edin.
m) İstenirse ilave taze tarhun ile süsleyin.

59.Okyanus Alabalığı Coulibiac en Croûte

İÇİNDEKİLER:

OKYANUS ALABALIĞI İÇİN:
- 4 okyanus alabalığı filetosu (her biri yaklaşık 6 ons)
- Tatmak için tuz ve karabiber
- Marine etmek için limon suyu

PİRİNÇ DOLGUSU İÇİN:
- 1 su bardağı yasemin pirinci, pişmiş
- 1 küçük soğan, ince doğranmış
- 2 yemek kaşığı tereyağı
- 1 su bardağı mantar, ince doğranmış
- 1/2 bardak ıspanak, doğranmış
- 1 yemek kaşığı taze dereotu, doğranmış
- Tatmak için tuz ve karabiber

MONTAJ İÇİN:
- 2 yaprak puf böreği, çözülmüş
- Toz almak için un
- Fırçalama için Dijon hardalı
- 1 yumurta (yumurta yıkamak için)

TALİMATLAR:

OKYANUS ALABALIĞI İÇİN:

a) Okyanus alabalığı filetolarını tuz, karabiber ve bir miktar limon suyuyla tatlandırın. En az 15 dakika marine etmelerine izin verin.

PİRİNÇ DOLGUSU İÇİN:

b) Bir tavada yemeklik doğranmış soğanı tereyağında yumuşayıncaya kadar kavurun.

c) Doğranmış mantarları tavaya ekleyin ve nemlerini bırakıncaya kadar pişirin.

ç) Pişmiş yasemin pirincini, doğranmış ıspanağı ve taze dereotunu karıştırın. Tuz ve karabiber ile tatlandırın. Karışım iyice birleşene kadar pişirin. Soğumasına izin verin.

MONTAJ İÇİN:

d) Fırını 200°C'ye (400°F) önceden ısıtın.

e) Milföy hamurlarını hafifçe unlanmış bir yüzeyde açın.

f) Parşömen kağıdıyla kaplı bir fırın tepsisine bir sayfa yerleştirin.

g) Milföy hamurunu Dijon hardalıyla fırçalayın.

ğ) Pirinçli harcın yarısını milföy hamurlarının üzerine yayın.
h) Marine edilmiş okyanus alabalığı filetolarını pirinç dolgusunun üzerine yerleştirin.
ı) Alabalıkları kalan pirinç dolgusuyla kaplayın.
i) İkinci milföy hamurunu açın ve kenarlarını kapatacak şekilde dolgunun üzerine yerleştirin. Gerekirse fazla hamurları kesin.
j) Yumurtayı çırpın ve altın rengi bir görünüm elde etmek için puf böreğinin tüm yüzeyine fırçalayın.
k) Hamurun üzerinde dekoratif desenler oluşturmak için bir bıçak kullanın.
l) Önceden ısıtılmış fırında 25-30 dakika veya puf böreği altın rengi kahverengi olana kadar pişirin.
m) Okyanus Alabalığı Coulibiac'a izin verin tr Dilimlemeden önce birkaç dakika dinlendirin .

60. Mangolu Tavuk ve Croûte

İÇİNDEKİLER:

- 4 tavuk göğsü
- Tatmak için tuz ve karabiber
- 1 bardak doğranmış mango
- 1/2 su bardağı kıyılmış hindistan cevizi
- 1/4 bardak doğranmış kişniş
- 1 yemek kaşığı köri tozu
- 2 yaprak puf böreği, çözülmüş
- 1 yumurta (yumurta yıkamak için)

TALİMATLAR:

a) Tavuk göğüslerini tuz, karabiber ve köri tozuyla tatlandırın. Onları altın rengi olana kadar kızartın.
b) Doğranmış mangoyu, kıyılmış hindistan cevizini ve doğranmış kişnişi karıştırın.
c) Tavuğu milföy hamurunun üzerine yerleştirin, üzerine mango karışımını koyun ve sarın.
ç) Altın kahverengi olana kadar pişirin.

61. Caprese En Croûte

İÇİNDEKİLER:

- 4 büyük domates, dilimlenmiş
- 8 ons taze mozzarella, dilimlenmiş
- Taze fesleğen yaprakları
- Tatmak için tuz ve karabiber
- 2 yaprak puf böreği, çözülmüş
- Çiseleme için balzamik sır
- 1 yumurta (yumurta yıkamak için)

TALİMATLAR:

a) Milföy hamurlarının üzerine domates dilimlerini, taze mozarellayı ve fesleğen yapraklarını katlayın.

b) Tuz ve karabiber ile tatlandırın. Hamuru katmanların üzerine katlayın, kapatın ve altın rengi olana kadar pişirin. Servis yapmadan önce balzamik sırla gezdirin.

62.Pesto Karides ve Croûte

İÇİNDEKİLER:

- 1 kiloluk büyük karides, soyulmuş ve ayrılmış
- 1/2 bardak pesto sosu
- 1 limon kabuğu rendesi ve
- 2 yaprak puf böreği, çözülmüş
- Daldırma için limonlu aioli
- 1 yumurta (yumurta yıkamak için)

TALİMATLAR:

a) Karidesleri pesto ve limon kabuğu rendesi ile karıştırın. Karidesleri puf böreğinin üzerine yerleştirin, katlayın ve kapatın.
b) Altın kahverengi olana kadar pişirin. Daldırma için limonlu aioli ile servis yapın.

63.Balkabağı ve Adaçayı Tr Croûte

İÇİNDEKİLER:
- 1 küçük balkabağı, soyulmuş ve doğranmış
- Taze adaçayı yaprakları
- Tatmak için tuz ve karabiber
- 2 yemek kaşığı akçaağaç şurubu
- 2 yaprak puf böreği, çözülmüş
- 1 yumurta (yumurta yıkamak için)

TALİMATLAR:
a) Balkabağını adaçayı, tuz ve karabiberle kavurun. Karışımı milföy hamurunun üzerine koyun, katlayın ve kapatın.
b) Altın rengine kadar pişirin. Servis yapmadan önce akçaağaç şurubu gezdirin.

64. İncir ve Keçi Peyniri Tr Croûte

İÇİNDEKİLER:
- 1 teker keçi peyniri
- 1/2 bardak incir reçeli
- 1/4 su bardağı kıyılmış ceviz
- 2 yaprak puf böreği, çözülmüş
- Çiseleme için balzamik azaltma
- 1 yumurta (yumurta yıkamak için)

TALİMATLAR:
a) Milföy hamurlarının üzerine incir reçeli sürün, ortasına keçi peynirini koyun, üzerine kıyılmış ceviz serpip sarın.

b) Altın rengine kadar pişirin. Servis yapmadan önce üzerine balzamik indirgeyici serpin.

65.Mantar ve Trüf Yağı Croûte

İÇİNDEKİLER:
- 2 su bardağı çeşitli mantar, ince doğranmış
- 2 yemek kaşığı trüf yağı
- 1/4 bardak rendelenmiş Parmesan
- 2 yaprak puf böreği, çözülmüş
- 1 yumurta (yumurta yıkamak için)

TALİMATLAR:
a) Mantarları trüf yağında yumuşayana kadar soteleyin. Rendelenmiş Parmesan ile karıştırın.

b) Milföy hamurlarının üzerine yerleştirin, katlayın ve kapatın. Altın rengine kadar pişirin.

66.Tatlı Patates ve Beyaz Peynir Croûte

İÇİNDEKİLER:
- 2 su bardağı tatlı patates, püresi
- 1/2 su bardağı ufalanmış beyaz peynir
- 1 yemek kaşığı doğranmış taze biberiye
- 2 yaprak puf böreği, çözülmüş
- Üzerine sürmek için bal
- 1 yumurta (yumurta yıkamak için)

TALİMATLAR:
a) Tatlı patates püresini beyaz peynir ve biberiyeyle karıştırın. Milföy hamurlarının üzerine yerleştirin, katlayın ve kapatın.
b) Altın rengine kadar pişirin. Servis yapmadan önce üzerine bal gezdirin.

67.Prosciutto sarılı Kuşkonmaz En Croûte

İÇİNDEKİLER:

- 1 demet kuşkonmaz, beyazlatılmış
- İnce dilimlenmiş prosciutto
- 1 limon kabuğu rendesi ve
- 2 yaprak puf böreği, çözülmüş
- 1 yumurta (yumurta yıkamak için)

TALİMATLAR:

a) Kuşkonmaz mızraklarını prosciutto ile sarın. Milföy hamurlarının üzerine yerleştirin, katlayın ve kapatın.

b) Altın rengine kadar pişirin. Servis yapmadan önce limon kabuğu rendesi serpin.

STRUDELLER

68.Yeşil Elma Soslu Kızarmış Domuz Strudel

İÇİNDEKİLER:
- 4 yemek kaşığı Domuz yağı
- 2 pound Domuz omuzu, 1/8 inçlik küpler halinde kesilmiş ve tuz ve karabiberle tatlandırılmış
- 2 Havuç, 1/4 inçlik zarlara küp şeklinde doğranmış
- 1 İspanyol soğanı, 1 inçlik zarlar halinde kesilmiş
- 4 Kırmızı Macar biberi, 1/4-inç küpler halinde kesilmiş
- 2 yemek kaşığı Pul biber
- 7 ons Speck, 1/4-inç küpler halinde kesilmiş
- 1/4 yemek kaşığı öğütülmüş karanfil
- 1/4 çay kaşığı Tarçın
- 2 bardak Kırmızı şarap
- 1 Tarif strudel (temel tarife bakın)
- 2 Yumurta sarısı, çırpılmış
- 1 Tarif yeşil elma sosu

TALİMATLAR:
a) Kalın dipli bir güveçte domuz yağını duman çıkana kadar ısıtın. Her seferinde 5 veya 6 adet olmak üzere domuz eti parçalarını ekleyin ve altın rengi kahverengi olana kadar pişirin. Havuç, soğan, biber, kırmızı biber, benek, karanfil ve tarçını çıkarıp ekleyin ve yumuşayana kadar yaklaşık 8 ila 10 dakika pişirin.

b) Şarap ekleyin ve kaynatın. Kızarmış domuz etini tekrar tencereye ekleyin, tekrar kaynatın, ardından ısıyı düşürün ve et iyice yumuşayana kadar 1,5 saat pişirin. Tuz ve karabiberle tatlandırıp buzdolabında 4 saat soğumaya bırakın.

c) Fırını önceden 375 F'ye ısıtın. Strudel hamurunu 10 x 14 inçlik bir dikdörtgen şeklinde açın. Ortasına soğuk domuz güvecini yerleştirin ve strudel gibi yuvarlayın.

ç) Strudel'i bir tasarımla veya sevdiğiniz birinin adıyla süslemek için kesilmiş hamur parçalarını saklayın. Üzerine çırpılmış yumurta sarısı sürün, bir kurabiye kağıdına yerleştirin ve altın rengi kahverengi olana ve içi sıcak olana kadar 50 ila 60 dakika pişirin.

d) Strudel'i 10 dakika dinlendirip yeşil elma sosuyla servis edin.

69.Tavuk ve Andouille Strudels

İÇİNDEKİLER:
- 1 yemek kaşığı Bitkisel yağ
- 4 ons Andouille sosisi, 1 inçlik zarlar halinde kesilmiş
- 1/2 su bardağı doğranmış soğan
- 1 yemek kaşığı kıyılmış sarımsak
- Tatmak için tuz ve kırmızı biber
- 1/4 su bardağı Su
- 1 su bardağı Tatlı Barbekü sosu
- 1 yemek kaşığı kıyılmış maydanoz
- 3 yemek kaşığı rendelenmiş Parmigiano-Reggiano peyniri
- 4 yaprak yufka

TALİMATLAR:
a) Fırını 375 derece F'ye önceden ısıtın.
b) Orta ateşte bir sote tavasına yağı ekleyin. Tavuğu Essence ile baharatlayın. Yağ ısınınca tavuğu ekleyin ve sürekli karıştırarak yaklaşık 2-3 dakika soteleyin.
c) Andouille'yi ekleyin ve 2 dakika daha soteleyin. Soğanları ve sarımsakları ekleyip 5 dakika soteleyin. Tuz ve kırmızı biberle tatlandırın.
ç) Su, 1/2 bardak barbekü sosu, maydanoz ve peynir ekleyin. 1 dakika kaynatın. Ateşten alıp ekmek kırıntılarını ekleyip karıştırın . Karışımın tamamen soğumasını bekleyin.
d) Dört yufkayı üst üste koyun ve üçe bölerek 12 yaprak elde edin. Kurumayı önlemek için yufkayı nemli bir havluyla kaplı tutarak sayfaları dört adet 3 yapraklık yığına bölün.
e) Her yığının üstünü bitkisel yağla hafifçe fırçalayın. Her yufka yığınının alt kenarına 1/4 bardak tavuk karışımını yerleştirin.
f) Filonun iki tarafını yaklaşık 1/4-inç merkeze doğru katlayın. Alttan başlayarak yufkayı güvenli bir şekilde sarın ve her katmanı kapatacak şekilde bastırın. Her turtayı hafifçe yağla fırçalayın.
g) Bir fırın tepsisini parşömen kağıdıyla hizalayın. Strudelleri kağıdın üzerine yaklaşık 2 inç aralıklarla yerleştirin ve 15 dakika veya altın kahverengi olana kadar pişirin.
ğ) Fırından çıkarın, her bir turtayı çapraz olarak ikiye bölün ve her birine kalan barbekü sosu ve rendelenmiş peynirle servis yapın.

70. İki Soslu Kerevit Strudel

İÇİNDEKİLER:

- 1 yemek kaşığı Susam yağı
- 1 Sarı soğan, jülyen doğranmış
- 1 kırmızı dolmalık biber, jülyen doğranmış
- 1 adet jülyen doğranmış sarı dolmalık biber
- 1 Yeşil dolmalık biber, jülyen doğranmış
- 1 demet yeşil soğan, dilimlenmiş
- 6 ons Çin lahanası, jülyen doğranmış
- 4 ons Konserve bambu filizleri
- 2 ons Shiitake mantarı, dilimlenmiş
- 2 adet jülyen doğranmış havuç
- 1 pound Kerevit kuyrukları
- 2 yemek kaşığı Hoisin sosu
- 3 yemek kaşığı Soya sosu
- 2 yemek kaşığı Taze zencefil
- 2 diş sarımsak, kıyılmış
- 1/2 çay kaşığı Arnavut biberi
- 1/4 çay kaşığı Kırık karabiber
- 1/4 çay kaşığı pembe biber
- Tatmak için tuz
- 1 pound Eritilmiş tereyağı
- 1 kiloluk Filo hamuru

TALİMATLAR:

a) Büyük, ağır bir tencerede susam yağını ısıtın. Kırmızı, sarı ve yeşil biberleri ekleyip yumuşayana kadar soteleyin.

b) Yeşil soğan, çin lahanası, bambu filizleri, shiitake mantarları ve havuç ekleyin. Sebzeler yumuşayıncaya kadar sotelemeye devam edin.

c) Kerevit kuyruklarını, kuru üzüm sosunu, soya sosunu, taze zencefili, kıyılmış sarımsağı, acı biberi, çekilmiş karabiberi, pembe karabiberi ve damak tadınıza göre tuzu ekleyin. Karışım al dente olana kadar pişirin. Bir kevgir içinde boşaltın ve soğutun.

ç) Fırını önceden 350 derece F'ye ısıtın. Tereyağını eritin ve yufka yapraklarını çalışma yüzeyine yerleştirin. Çarşafların arasına eritilmiş tereyağını sürün (toplamda 7 yaprak).

d) Kerevit karışımını yufkaların alt ucuna yerleştirin. Sıkıca yuvarlayın ve eritilmiş tereyağıyla kapatın.
e) Filo hamuru altın rengi kahverengi olana kadar önceden ısıtılmış fırında pişirin.
f) İki sos hazırlayıp tabağın her iki yanına yerleştirin. Kerevit turtasını sosların üzerine servis edin.
g) Zencefil miktarını tat tercihlerinize göre ayarlayın.

71.Dereotu ile Doyurucu Somon Strudel

İÇİNDEKİLER:
- 1 pound Somon filetosu, 1 inç kalınlığında, derisi soyulmuş
- Tereyağı aromalı pişirme spreyi
- 1/4 çay kaşığı Tuz
- 1/4 çay kaşığı Sarımsak tozu
- 1/4 çay kaşığı Taze çekilmiş karabiber
- 1 1/4 bardak Kırmızı patates, küp şeklinde
- 3/4 bardak Buharlaştırılmış yağsız süt
- 1/2 Pırasa, ince dilimlenmiş
- 2 çay kaşığı Su
- 1/2 çay kaşığı Mısır Nişastası
- 1 çay kaşığı Kurutulmuş dereotu
- 3 yemek kaşığı rendelenmiş parmesan peyniri
- 8 yaprak yufka

TALİMATLAR:

a) Somon filetoyu pişirme spreyi ile kaplanmış bir piliç tavasına yerleştirin. Tuz, karabiber ve sarımsak tozu serpin. Balık kolayca pul pul dökülene kadar kızartın. Küçük parçalar halinde kesin ve bir kenara koyun.
b) Fırını önceden 350°F'ye ısıtın.
c) Küçük bir tencerede patates, süt ve pırasayı birleştirin. Kaynatın. Kapağı kapatın, ısıyı azaltın ve 10 dakika veya patatesler yumuşayana kadar pişirin.
ç) Küçük bir kapta su ve mısır nişastasını birleştirin. Patates karışımına ekleyin. Somon parçalarını, kurutulmuş dereotu ve Parmesan peynirini ekleyin. Yavaşça karıştırın ve bir kenara koyun.
d) Bir yufkayı çalışma yüzeyine yerleştirin (kurumasını önlemek için üzerini örtün). Pişirme spreyi ile hafifçe püskürtün. Üstüne başka bir sayfa koyun ve püskürtün; tüm yufka sayfalarıyla tekrarlayın.
e) Patates karışımını uzun kenar boyunca 2 inçlik bir kenarlık bırakarak kaşıklayın. Patates karışımının uçlarını kaplayacak şekilde yufkanın kısa kenarlarını katlayın. Uzun kenardan başlayarak (kenarlık ile), jöle rulosu şeklinde sarın. Çok sıkı yuvarlamayın.
f) Strudeli, dikiş tarafı aşağı bakacak şekilde pişirme spreyi sıkılmış bir jöleli rulo tavaya yerleştirin. Strudel'e pişirme spreyi ile hafifçe püskürtün.
g) 30 dakika veya altın rengi kahverengi olana kadar pişirin.
ğ) Dereotu ile bu doyurucu somon meyveli turtayı servis edin ve tadını çıkarın.

72.Kuzu ve Kurutulmuş Domatesli Strudel

İÇİNDEKİLER:
- 12 yaprak 17 x 12 inçlik yufka hamuru
- 1 1/2 su bardağı kaynar su
- 1/2 bardak Kurutulmuş domates (yağda paketlenmemiş), yaklaşık 2 ons
- 1/2 kiloluk mantar, ince dilimlenmiş
- 3/4 bardak Kalamata veya diğer salamurayla kürlenmiş siyah zeytin veya ince dilimlenmiş çekirdekleri çıkarılmış olgun siyah zeytin
- 1 yemek kaşığı Zeytinyağı
- 1 pound Öğütülmüş kuzu
- 1 çay kaşığı Kurutulmuş biberiye, ufalanmış
- 1 çay kaşığı Kurutulmuş fesleğen, ufalanmış
- 1/2 çay kaşığı Kurutulmuş sıcak kırmızı biber gevreği
- 1 1/2 bardak Ufalanmış beyaz peynir, yaklaşık 8 ons
- 1/2 bardak rendelenmiş mozzarella, yaklaşık 3 ons
- Yaklaşık 5 yemek kaşığı zeytinyağı (fırçalamak için)
- Tatmak için biber ve tuz

TALİMATLAR:
a) Yufka yığınını üst üste gelen 2 plastik örtü ve ardından nemli bir mutfak havlusu ile örtün.
b) İç harcını hazırlayın: Küçük bir kapta domateslerin üzerine kaynar su dökün ve 5 dakika bekletin. İyice süzün ve ince ince dilimleyin.
c) Büyük, ağır bir tavada, zeytinyağını orta derecede yüksek ateşte sıcak olana kadar ama sigara içmeyecek şekilde ısıtın. Mantarları, saldıkları sıvı buharlaşana kadar karıştırarak, tuz ve karabiberle soteleyin. Mantarları geniş bir kaseye aktarın.
ç) Tavaya kıyılmış kuzu eti ekleyin ve karıştırarak ve topakları parçalayarak pembeleşmeyene kadar pişirin. Kuzu eti mantarlı kaseye aktarın ve yağını atın.
d) domates, zeytin, biberiye, fesleğen ve kırmızı pul biberi ekleyip karıştırın. 10 dakika soğutun. Tadına göre beyaz peynir, mozzarella peyniri ve tuz ve karabiberi ilave edin.
e) Fırını önceden 425°F'ye ısıtın ve büyük, sığ bir fırın tepsisini hafifçe yağlayın.

f) Yufkayı 2 yağlı kağıt arasına istifleyin ve kuru bir mutfak havlusuyla örtün. Bir çalışma yüzeyinde, uzun kenarları hafifçe üst üste gelecek ve size bakacak şekilde 20 inç uzunluğunda iki adet balmumu kağıdı yerleştirin. Yağlı kağıdın üzerine 1 yaprak yufkayı koyun ve hafifçe yağlayın. 5 yufkayı daha aynı şekilde katlayın ve fırçalayın . (Yağlanmış yufka 6 yaprak kalınlığında olmalıdır .)

g) Dolgunun yarısını 3 inç genişliğinde bir şerit halinde yayın, onu yakın uzun kenarın 4 inç yukarısındaki filonun üzerine yerleştirin ve her iki uçta 2 inçlik bir kenarlık bırakın.

ğ) Balmumu kağıdını kılavuz olarak kullanarak, hamur işinin alt kısmını 4 inçlik dolgunun üzerine kaldırın, uçlarını katlayın ve turtayı sıkıca sarın. Strudel'i dikiş tarafı aşağı bakacak şekilde dikkatlice fırın tepsisine aktarın ve hafifçe yağlayın. Geriye kalan malzemelerle aynı şekilde bir turta daha yapın.

h) Strudelleri fırının ortasında 25 dakika veya altın rengi oluncaya kadar pişirin. Bir raftaki tavada ısıtmak için turtaları soğutun.

ı) Tırtıklı bir bıçakla strudelleri 1 inçlik dilimler halinde kesin ve dilimleri sıcak olarak servis edin.

i) Bu lezzetli kuzu eti ve kurutulmuş domatesli turtanın tadını çıkarın!

73. Fas Sebzeli Strudel

İÇİNDEKİLER:
- 1 Soğan, dilimlenmiş
- 2 baş sarımsak, doğranmış
- 2 Havuç, dilimlenmiş
- 1 Kırmızı biber, parçalar halinde kesilmiş
- 1 Tatlı patates, soyulmuş ve doğranmış
- 1 Kereviz, soyulmuş ve doğranmış
- 2 Erik domates, 8 dilime kesilmiş
- 1/4 su bardağı Zeytinyağı (50 mL)
- 2 çay kaşığı Tuz (10 mL)
- 2 su bardağı Pişmiş kuskus, pirinç veya buğday meyveleri (500 mL)
- 1 yemek kaşığı Taze kekik (15 mL)
- 2 yemek kaşığı Su (25 mL)
- 1/2 su bardağı Galeta unu (125 mL)
- 6 ons Keçi peyniri, ufalanmış (isteğe bağlı) (175 g)
- 1/4 su bardağı kıyılmış taze fesleğen (50 mL)
- 10 yaprak yufka
- 1/3 su bardağı Tuzsuz tereyağı, eritilmiş (veya zeytinyağı) (75 mL)

TALİMATLAR:
a) Sebzeleri parşömen kağıdıyla kaplı bir fırın tepsisine yerleştirin. Üzerine zeytinyağı gezdirip tuz ve kekik serpin. 210°C/425°F fırında 50 ila 60 dakika veya sebzeler iyice yumuşayana kadar kızartın.

b) Sarımsakları kabuğundan sıkın ve sebzeler, pişmiş tahıl, keçi peyniri (eğer kullanılıyorsa) ve fesleğen ile birleştirin.

c) Kurulama havlularının üzerine iki yufkayı ayrı ayrı dizin. Kalan yufkayı plastik ambalajla örtün.

ç) Yufkaları eritilmiş tereyağıyla (suyla karıştırılmış) fırçalayın ve galeta unu serpin. Her biri 5 yapraktan oluşan iki yığın oluşturarak kalan yufka ile aynı işlemi tekrarlayın .

d) Sebze karışımını yufkanın uzun bir kenarına yerleştirin ve yuvarlayın.

e) Yavaşça bir fırın tepsisine aktarın. Hamur işinin üst katmanı boyunca çapraz eğik çizgiler yapın. İyice kızarıncaya kadar 30 ila 40 dakika boyunca 400°F/200°C'de pişirin.

ŞARMOULA SOSU:

f) 1 diş kıyılmış sarımsağı 1 çay kaşığı (5 mL) öğütülmüş kimyon ve kırmızı biber ve 1/2 çay kaşığı (2 mL) kırmızı biberle birleştirin.

g) 1/2 bardak (125 mL) mayonez veya yoğurt peyniri veya bunların karışımını karıştırın. 1 yemek kaşığı (15 mL) limon suyu ve 2 yemek kaşığı (25 mL) doğranmış taze kişnişi ekleyin .

ğ) Fas Sebzeli Strudel dilimlerini Charmoula Sos ile servis edin. Eğlence!

74. Somon Füme & Brie Strudel

İÇİNDEKİLER:
- 1/2 su bardağı kurutulmuş öğütülmüş hardal
- 1/2 su bardağı beyaz toz şeker
- 1/4 bardak pirinç şarabı sirkesi
- 1/4 su bardağı hazırlanmış sarı hardal
- 1 yemek kaşığı susam yağı
- 2 yemek kaşığı soya sosu
- 1 1/2 çay kaşığı kırmızı biber
- 1/4 çay kaşığı acı biber
- 3 yaprak yufka hamuru
- 1/4 su bardağı eritilmiş tereyağı
- 1/4 su bardağı doğranmış taze hafif otlar
- 1 tekerlek Brie peyniri (8 oz)
- 1/2 pound dilimlenmiş füme somon
- 1/2 inçlik parçalara dilimlenmiş ve hafifçe kızartılmış 1 baget

TALİMATLAR:

a) Fırını önceden 400 dereceye ısıtın.
b) Bir karıştırma kabında kurutulmuş öğütülmüş hardalı, şekeri, pirinç şarabı sirkesini, sarı hardalı, susam yağını, soya sosunu, kırmızı biberi ve kırmızı biberi birlikte çırpın. Karışımı bir kenara koyun.
c) Üç parça yufka hamurunu düz bir zemine yayın. Hamurun uçlarını eritilmiş tereyağıyla yağlayın.
ç) Yufka hamurunun ortasına hardal karışımının bir kısmını yayın. Hardal karışımının çemberini doğranmış otlarla serpin.
d) Somonu tuz ve karabiberle tatlandırın. Brie çarkını dilimlenmiş somonla sarın ve dilimlerin üst üste gelmesini sağlayın. Peyniri paket gibi sarın.
e) Somon sarılı Brie'yi hardal/ot çemberinin ortasına yerleştirin. Yufka hamurunun iki ucunu merkeze doğru katlayın. Kalan uçları bir paket oluşturacak şekilde katlayın. Tamamen mühürleyin.
f) Hamuru, parşömen kaplı bir fırın tepsisine, katlanmış kenarları parşömen kağıdının üstüne gelecek şekilde çevirin.
g) Kalan eritilmiş tereyağını hamurun üzerine hafifçe sürün.
ğ) Tavayı fırına yerleştirin ve altın kahverengi olana kadar yaklaşık 10 ila 12 dakika pişirin.
h) Fırından çıkarın ve dilimlemeden önce hafifçe soğutun. Kalan hardal sosuyla birlikte krutonların üzerinde servis yapın.
ı) Lezzetli Füme Somon ve Brie Strudel'in tadını çıkarın!

75. Füme Alabalık ve Izgara Elmalı Strudel

İÇİNDEKİLER:

- 2 Granny Smith elması, çekirdeği çıkarılmış ve 1/2 "halkalar halinde kesilmiş
- 1 yemek kaşığı Zeytinyağı
- Tatmak için biber ve tuz
- 1/2 pound Füme alabalık, küçük parçalara bölünmüş
- 2 yemek kaşığı arpacık soğanı, kıyılmış
- 1/4 su bardağı Krem peynir, oda sıcaklığında
- 2 yemek kaşığı Frenk soğanı, ince doğranmış
- 5 yaprak Phyllo hamuru
- 1/2 bardak Tereyağı, eritilmiş

TALİMATLAR:

a) Izgarayı önceden ısıtın. Fırını önceden 400 dereceye ısıtın.
b) Elmaları zeytinyağıyla karıştırın, tuz ve karabiberle tatlandırın. Izgaraya yerleştirin ve her iki tarafını da 2 dakika pişirin. Izgaradan çıkarın ve elmaları küçük küpler halinde kesin.
c) Bir karıştırma kabında doğranmış elmaları, füme alabalıkları ve kıyılmış arpacık soğanları birleştirin. Karışımı krem peynirle bağlayın. Frenk soğanını karıştırın. Tuz ve karabiberle tatlandırın.
ç) Her yufka yaprağını eritilmiş tereyağıyla fırçalayın. Yufkanın 1/3'ünü elma-alabalık dolgusu ile yayın.
d) Doldurma ucu size doğru olacak şekilde turtayı jöle rulosu gibi yukarı doğru yuvarlayın . Parşömen kaplı bir fırın tepsisine yerleştirin ve kalan tereyağını fırçalayın.
e) 15 dakika veya turta altın rengi kahverengi olana kadar pişirin.
f) Turtayı çapraz olarak dilimleyin ve bir tabağa yerleştirin. Frenk soğanı ve Öz ile süsleyin.
g) Enfes Füme Alabalık ve Izgara Elmalı Turtanın tadını çıkarın!

76.Yabani Mantarlı Turta

İÇİNDEKİLER:

- 1 yemek kaşığı Zeytinyağı
- 1 küçük sarı soğan, doğranmış
- 2 Arpacık soğanı, doğranmış
- 3 diş sarımsak, doğranmış
- 1 bardak Kırmızı şarap
- 4 su bardağı dilimlenmiş yabani mantar
- 1/2 su bardağı Taze rendelenmiş Parmesan peyniri
- 1/3 bardak Yumuşak, hafif keçi peyniri veya ricotta peyniri
- 1/4 bardak kavrulmuş baharatsız ekmek kırıntıları
- 2 çay kaşığı kıyılmış taze fesleğen
- 1 çay kaşığı kıyılmış taze biberiye
- 1/2 çay kaşığı Kırık karabiber
- Tatmak için tuz
- 4 yaprak Phyllo hamuru
- 4 yemek kaşığı Tuzsuz tereyağı, eritilmiş
- Közlenmiş Kırmızı Biber & Fesleğen Sos

TALİMATLAR:

a) Fırını 350 dereceye kadar önceden ısıtın. Bir fırın tepsisini parşömen kağıdıyla hizalayın.

b) İç harcını hazırlamak için zeytinyağını büyük bir sote tavasında yüksek ateşte çok sıcak olana kadar ısıtın. Soğanı, arpacık soğanı ve sarımsağı ekleyin ve kokusu çıkana kadar yaklaşık 1 dakika soteleyin.

c) Kırmızı şarabı ekleyin ve yarı yarıya azaltın, yaklaşık 4 dakika. Mantarları ekleyin ve yumuşayana ve sıvının çoğu azalıncaya kadar 4 ila 5 dakika pişirin. Ateşten alın ve dolgunun hafifçe soğumasını bekleyin. Dolguyu büyük bir kaseye aktarın ve tamamen soğumasını bekleyin.

ç) Parmesan ve keçi peynirlerini ekleyin. Ekmek kırıntılarını , fesleğeni, biberiyeyi ve karabiberi ekleyin . İyice karıştırın, tuzla tatlandırın ve bir kenara koyun.

d) Temiz, kuru bir çalışma yüzeyine 2 yaprak yufka hamuru koyun ve üst tabakayı eritilmiş tereyağıyla cömertçe fırçalayın. Üzerine 2 yufka daha yerleştirin ve üst tabakayı tekrar tereyağıyla fırçalayın.

e) Dolguyu hamurun ortasına kaşıkla dökün, bir dikdörtgen oluşturacak şekilde yayarak 2 inçlik bir kenarlık bırakın. Hamurun kısa uçlarından birini dolgunun yaklaşık 1 inç üzerine katlayın. Uzun uçlardan birini dolgunun yaklaşık 1 inç üzerine katlayın ve yavaşça bir kütük haline getirin.
f) Strudeli, dikiş tarafı aşağı bakacak şekilde hazırlanan fırın tepsisine yerleştirin ve üst kısım boyunca 1/4 inç derinliğinde havalandırma deliklerini kesin.
g) Fırında 25 ila 30 dakika veya altın kahverengi olana kadar pişirin.
ğ) Fırından çıkarıp tavada soğutun. Tırtıklı bir bıçak kullanarak turtayı 8 parçaya bölün.
h) Yanında Közlenmiş Kırmızı Biber ve Fesleğen Sos ile sıcak servis yapın.

77. Karaciğer Turtası

İÇİNDEKİLER:
KABUK:
- 1 1/4 bardak Elenmiş Un
- 1/2 çay kaşığı tuz
- 1/3 bardak Kısaltma
- 3 yemek kaşığı Su (Yaklaşık)

DOLGU:
- 2 Soğan, kıyılmış
- 3 yemek kaşığı Yağ
- 1/2 pound Dana Karaciğeri, dilimlenmiş
- 4 adet haşlanmış yumurta
- 1/2 çay kaşığı tuz
- 1 Yumurta, dövülmüş
- Bir tutam tuz

TALİMATLAR:
KABUĞU İÇİN:
a) Unu ve tuzu birlikte eleyin.
b) Karışım kaba kum gibi oluncaya kadar kısaltmayı kesin.
c) nemlenene ve parçalar birbirine yapışana kadar her seferinde biraz su ekleyin.

DOLGU İÇİN:
ç) Soğanları hafif sarı olana kadar yağda soteleyin.
d) Karaciğeri ekleyin ve her iki tarafını da 4'er dakika soteleyin.
e) Soğanları, karaciğerleri ve yumurtaları yiyecek doğrayıcıdan geçirin.
f) Tavada kalan yağla karıştırıp tuz ve karabiber ekleyin.

TOPLANTI:
g) Hamuru üçe bölün ve her biri 4 inç x 12 inç ölçülerinde çok ince şeritler halinde yuvarlayın.
ğ) Her şeridin ortasına bir çubuk karaciğer karışımı koyun.
h) Hamurun yarısını üzerine yuvarlayın; Üzerine çırpılmış yumurta sürün ve hamurun diğer tarafını kaplayın.
ı) Her yerine çırpılmış yumurta sürün ve uçlarını kapatın.
i) Fırın tepsilerine yerleştirin ve 400°F fırında 20 dakika pişirin.
j) Hafifçe soğutun ve 1/2 inçlik dilimler halinde kesin.

78.Etli Turta

İÇİNDEKİLER:
DOLGU İÇİN:
- 1 lb kıyma veya sığır eti ve domuz eti karışımı
- 1 soğan, ince doğranmış
- 2 diş sarımsak, kıyılmış
- 1 su bardağı mantar, ince doğranmış
- 1 su bardağı ıspanak, doğranmış
- 1/4 bardak ekmek kırıntısı
- 1/4 bardak sığır eti veya sebze suyu
- 1 çay kaşığı kurutulmuş kekik
- Tatmak için tuz ve karabiber

STRUDEL HAMUR İÇİN:
- 2 fincan çok amaçlı un
- 1/2 bardak ılık su
- 1/4 su bardağı bitkisel yağ
- Bir tutam tuz

MONTAJ İÇİN:
- 1/2 su bardağı eritilmiş tereyağı (fırçalamak için)
- Susam veya haşhaş tohumu (isteğe bağlı, üzeri için)

TALİMATLAR:
DOLGU İÇİN:
a) Bir tavada kıymayı orta ateşte kavurun. Gerekirse fazla yağı boşaltın.
b) Tavaya doğranmış soğanı ve sarımsağı ekleyin. Soğanlar yarı saydam oluncaya kadar soteleyin.
c) Doğranmış mantarları ilave edip suyunu çekene kadar pişirin.
ç) Kıyılmış ıspanak, galeta unu, et veya sebze suyu, kurutulmuş kekik, tuz ve karabiberi ekleyin. Karışım iyice birleşene ve fazla sıvı buharlaşana kadar pişirin. Isıdan çıkarın ve soğumaya bırakın.

STRUDEL HAMUR İÇİN:
d) Bir kapta un ve tuzu birleştirin. Ortasını havuz gibi açıp ılık su ve bitkisel yağ ekleyin.
e) Bir hamur oluşana kadar karıştırın. Hamuru unlu bir yüzeyde pürüzsüz ve elastik hale gelinceye kadar yoğurun.
f) Hamuru nemli bir bezle örtüp yaklaşık 30 dakika dinlendirin.

TOPLANTI:
g) Fırını önceden 375°F'ye (190°C) ısıtın.
ğ) Hamuru unlanmış bir yüzeyde büyük bir dikdörtgen şeklinde açın.
h) Soğutulmuş et dolgusunu dikdörtgenin bir kenarına, kenarlarda biraz boşluk kalacak şekilde yerleştirin.
ı) Hamuru dolgunun üzerine yuvarlayın, ilerledikçe kenarlarını sıkıştırarak kütük şekli oluşturun.
i) Rulo strudel'i parşömen kağıdıyla kaplı bir fırın tepsisine yerleştirin.
j) Strudeli eritilmiş tereyağıyla yağlayın. İsteğe göre üzerine susam veya haşhaş tohumu serpebilirsiniz.
k) Önceden ısıtılmış fırında 25-30 dakika veya strudel altın rengi kahverengi olana ve tamamen pişene kadar pişirin.
l) Dilimlemeden önce Meat Strudel'in hafifçe soğumasını bekleyin.
m) Meat Strudel'i sıcak olarak servis edin ve pul pul, altın renkli bir kabuğa sarılı lezzetli dolgunun tadını çıkarın!

79. Patlıcan-Domatesli Strudel

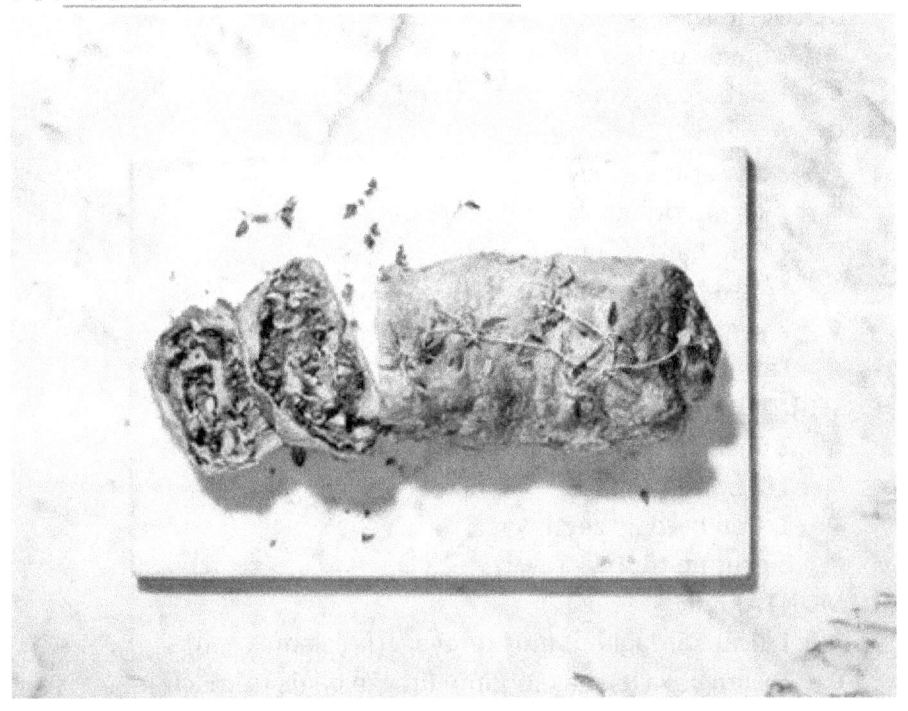

İÇİNDEKİLER:
DOLGU İÇİN:
- 1 büyük patlıcan, doğranmış
- 1 su bardağı kiraz domates, ikiye bölünmüş
- 1 soğan, ince doğranmış
- 2 diş sarımsak, kıyılmış
- 1 kırmızı dolmalık biber, doğranmış
- 1/2 su bardağı ufalanmış beyaz peynir
- 1/4 su bardağı doğranmış taze fesleğen
- 2 yemek kaşığı zeytinyağı
- Tatmak için tuz ve karabiber

STRUDEL HAMUR İÇİN:
- 2 fincan çok amaçlı un
- 1/2 bardak ılık su
- 1/4 su bardağı zeytinyağı
- Bir tutam tuz

MONTAJ İÇİN:
- 1/4 su bardağı eritilmiş tereyağı (fırçalamak için)
- Susam veya haşhaş tohumu (isteğe bağlı, üzeri için)

TALİMATLAR:
DOLGU İÇİN:

a) Fırını önceden 375°F'ye (190°C) ısıtın.

b) Doğranmış patlıcanları bir fırın tepsisine yerleştirin, üzerine zeytinyağı gezdirin ve önceden ısıtılmış fırında yaklaşık 15-20 dakika veya yumuşayana kadar kızartın. Fırından çıkarıp soğumaya bırakın.

c) Bir tavada yemeklik doğranmış soğanı ve sarımsağı zeytinyağında yumuşayana kadar soteleyin.

ç) Tavaya doğranmış kırmızı dolmalık biberi ekleyin ve hafifçe yumuşayana kadar birkaç dakika pişirin.

d) Közlenmiş patlıcan, sotelenmiş soğan karışımı, çeri domates, ufalanmış beyaz peynir ve doğranmış fesleğeni bir kasede birleştirin. Tuz ve karabiber ile tatlandırın. İyice karıştırın.

STRUDEL HAMUR İÇİN:

e) Bir kapta un ve tuzu birleştirin. Ortasını havuz gibi açıp ılık su ve zeytinyağını ekleyin.
f) Bir hamur oluşana kadar karıştırın. Hamuru unlu bir yüzeyde pürüzsüz ve elastik hale gelinceye kadar yoğurun.
g) Hamuru nemli bir bezle örtüp yaklaşık 30 dakika dinlendirin.

TOPLANTI:
ğ) Fırını önceden 375°F'ye (190°C) ısıtın.
h) Hamuru unlanmış bir yüzeyde büyük bir dikdörtgen şeklinde açın.
ı) Hazırladığınız iç malzemeyi dikdörtgenin bir kenarına, kenarlarda biraz boşluk kalacak şekilde yerleştirin.
i) Hamuru dolgunun üzerine yuvarlayın, ilerledikçe kenarlarını sıkıştırarak kütük şekli oluşturun.
j) Rulo strudel'i parşömen kağıdıyla kaplı bir fırın tepsisine yerleştirin.
k) Strudeli eritilmiş tereyağıyla yağlayın. İsteğe göre üzerine susam veya haşhaş tohumu serpebilirsiniz.
l) Önceden ısıtılmış fırında 25-30 dakika veya strudel altın rengi kahverengi olana ve tamamen pişene kadar pişirin.
m) Patlıcan-Domatesli Strudel'i dilimlemeden önce hafifçe soğumasını bekleyin.
n) Patlıcan-Domatesli Strudel'i sıcak olarak servis edin ve közlenmiş patlıcan, sulu domates ve ince hamur işi hamuruna sarılı lezzetli beyaz peynirin enfes kombinasyonunun tadını çıkarın!

80.Kıymalı Kabak Strudel

İÇİNDEKİLER:
DOLGU İÇİN:
- 1 lb kıyma veya sığır eti ve domuz eti karışımı
- 2 orta boy kabak, rendelenmiş
- 1 soğan, ince doğranmış
- 2 diş sarımsak, kıyılmış
- 1/2 bardak ekmek kırıntısı
- 1/4 su bardağı süt
- 1 çay kaşığı kurutulmuş kekik
- Tatmak için tuz ve karabiber
- Sotelemek için zeytinyağı

STRUDEL HAMUR İÇİN:
- 2 fincan çok amaçlı un
- 1/2 bardak ılık su
- 1/4 su bardağı bitkisel yağ
- Bir tutam tuz

MONTAJ İÇİN:
- 1/4 su bardağı eritilmiş tereyağı (fırçalamak için)
- Susam veya haşhaş tohumu (isteğe bağlı, üzeri için)

TALİMATLAR:
DOLGU İÇİN:
a) Fırını önceden 375°F'ye (190°C) ısıtın.
b) Bir tavada yemeklik doğranmış soğanı ve kıyılmış sarımsağı zeytinyağında yumuşayana kadar soteleyin.
c) Kıymayı tavaya ekleyin ve kızarana kadar pişirin. Gerekirse fazla yağı boşaltın.
ç) Bir kapta rendelenmiş kabak, galeta unu, süt, kurutulmuş kekik, tuz ve karabiberi birleştirin. İyice karıştırın.
d) Pişen etin bulunduğu tavaya kabak karışımını ekleyin. Kabak yumuşayana kadar birkaç dakika pişirin. Isıdan çıkarın ve soğumaya bırakın.

STRUDEL HAMUR İÇİN:
e) Bir kapta un ve tuzu birleştirin. Ortasını havuz gibi açıp ılık su ve bitkisel yağ ekleyin.

f) Bir hamur oluşana kadar karıştırın. Hamuru unlu bir yüzeyde pürüzsüz ve elastik hale gelinceye kadar yoğurun.
g) Hamuru nemli bir bezle örtüp yaklaşık 30 dakika dinlendirin.

TOPLANTI:
ğ) Fırını önceden 375°F'ye (190°C) ısıtın.
h) Hamuru unlanmış bir yüzeyde büyük bir dikdörtgen şeklinde açın.
ı) Soğutulmuş kabak ve et dolgusunu dikdörtgenin bir kenarına, kenarlarda biraz boşluk kalacak şekilde yerleştirin.
i) Hamuru dolgunun üzerine yuvarlayın, ilerledikçe kenarlarını sıkıştırarak kütük şekli oluşturun.
j) Rulo strudel'i parşömen kağıdıyla kaplı bir fırın tepsisine yerleştirin.
k) Strudeli eritilmiş tereyağıyla yağlayın. İsteğe göre üzerine susam veya haşhaş tohumu serpebilirsiniz.
l) Önceden ısıtılmış fırında 25-30 dakika veya strudel altın rengi kahverengi olana ve tamamen pişene kadar pişirin.
m) Dilimlemeden önce Kıymalı Kabak Strudel'in hafifçe soğumasını bekleyin.
n) Kabak Strudel'i sıcak olarak servis edin ve çıtır, altın renkli bir kabuğa sarılmış kabak, kıyma ve aromatik otlardan oluşan lezzetli kombinasyonun tadını çıkarın!

81. Sığır eti ve brokoli turtası

İÇİNDEKİLER:
DOLGU İÇİN:
- 1 lb sığır filetosu, ince dilimlenmiş
- 2 bardak brokoli çiçeği, beyazlatılmış
- 1 soğan, ince dilimlenmiş
- 2 diş sarımsak, kıyılmış
- 1/4 bardak soya sosu
- 2 yemek kaşığı istiridye sosu
- 1 yemek kaşığı kuru üzüm sosu
- 1 çay kaşığı susam yağı
- 1 yemek kaşığı bitkisel yağ
- Tatmak için tuz ve karabiber

STRUDEL HAMUR İÇİN:
- 2 fincan çok amaçlı un
- 1/2 bardak ılık su
- 1/4 su bardağı bitkisel yağ
- Bir tutam tuz

MONTAJ İÇİN:
- 1/4 su bardağı eritilmiş tereyağı (fırçalamak için)
- Susam tohumları (isteğe bağlı, üzeri için)

TALİMATLAR:
DOLGU İÇİN:
a) Fırını önceden 375°F'ye (190°C) ısıtın.
b) Bir tavada bitkisel yağı orta-yüksek ateşte ısıtın. Dilimlenmiş sığır eti ekleyin ve kızarana kadar pişirin. Tavadan alın ve bir kenara koyun.
c) Gerekirse aynı tavaya biraz daha yağ ekleyin. Doğranmış soğanları ve kıyılmış sarımsakları yumuşayana kadar soteleyin.
ç) Beyazlatılmış brokoli çiçeklerini tavaya ekleyin ve birkaç dakika karıştırarak kızartın.
d) Pişen eti tekrar tavaya alın. Soya sosu, istiridye sosu, kuru üzüm sosu, susam yağı, tuz ve karabiberi ekleyin. Karışım iyice birleşip iyice ısıtılıncaya kadar pişirin. Isıdan çıkarın ve soğumaya bırakın.

STRUDEL HAMUR İÇİN:

e) Bir kapta un ve tuzu birleştirin. Ortasını havuz gibi açıp ılık su ve bitkisel yağ ekleyin.
f) Bir hamur oluşana kadar karıştırın. Hamuru unlu bir yüzeyde pürüzsüz ve elastik hale gelinceye kadar yoğurun.
g) Hamuru nemli bir bezle örtüp yaklaşık 30 dakika dinlendirin.

TOPLANTI:
ğ) Fırını önceden 375°F'ye (190°C) ısıtın.
h) Hamuru unlanmış bir yüzeyde büyük bir dikdörtgen şeklinde açın.
ı) Soğutulmuş sığır eti ve brokoli dolgusunu dikdörtgenin bir kenarına, kenarlarda biraz boşluk kalacak şekilde yerleştirin.
i) Hamuru dolgunun üzerine yuvarlayın, ilerledikçe kenarlarını sıkıştırarak kütük şekli oluşturun.
j) Rulo strudel'i parşömen kağıdıyla kaplı bir fırın tepsisine yerleştirin.
k) Strudeli eritilmiş tereyağıyla yağlayın. İsteğe göre üzerine susam serpebilirsiniz.
l) Önceden ısıtılmış fırında 25-30 dakika veya strudel altın rengi kahverengi olana ve tamamen pişene kadar pişirin.
m) Dilimlemeden önce Sığır ve Brokoli Strudel'in hafifçe soğumasını bekleyin.

82.Sosis ve Mantarlı Turtalar

İÇİNDEKİLER:
DOLGU İÇİN:
- 1 lb sosis (İtalyan, kahvaltı veya seçiminiz), kılıfları çıkarılmış
- 2 su bardağı mantar, ince doğranmış
- 1 soğan, ince doğranmış
- 2 diş sarımsak, kıyılmış
- 1/2 bardak ekmek kırıntısı
- 1/4 su bardağı rendelenmiş parmesan peyniri
- 1 yemek kaşığı taze kekik yaprağı
- Tatmak için tuz ve karabiber
- Sotelemek için zeytinyağı

STRUDEL HAMUR İÇİN:
- 2 fincan çok amaçlı un
- 1/2 bardak ılık su
- 1/4 su bardağı bitkisel yağ
- Bir tutam tuz

MONTAJ İÇİN:
- 1/4 su bardağı eritilmiş tereyağı (fırçalamak için)
- Susam veya haşhaş tohumu (isteğe bağlı, üzeri için)

TALİMATLAR:
DOLGU İÇİN:
a) Fırını önceden 375°F'ye (190°C) ısıtın.
b) Bir tavada zeytinyağını orta-yüksek ateşte ısıtın. Doğranmış soğanı ve kıyılmış sarımsağı ekleyin. Yumuşayıncaya kadar soteleyin.
c) Sosisleri tavaya ekleyin, kaşıkla parçalayın ve kızarana kadar pişirin. Gerekirse fazla yağı boşaltın.
ç) Doğranmış mantarları tavaya ekleyin ve nemlerini bırakıncaya kadar pişirin.
d) Galeta unu, rendelenmiş Parmesan, taze kekik, tuz ve karabiberi ekleyip karıştırın. Karışım iyice birleşene kadar pişirin . Isıdan çıkarın ve soğumaya bırakın.

STRUDEL HAMUR İÇİN:
e) Bir kapta un ve tuzu birleştirin. Ortasını havuz gibi açıp ılık su ve bitkisel yağ ekleyin.

f) Bir hamur oluşana kadar karıştırın. Hamuru unlu bir yüzeyde pürüzsüz ve elastik hale gelinceye kadar yoğurun.
g) Hamuru nemli bir bezle örtüp yaklaşık 30 dakika dinlendirin.

TOPLANTI:

ğ) Fırını önceden 375°F'ye (190°C) ısıtın.
h) Hamuru unlanmış bir yüzeyde büyük bir dikdörtgen şeklinde açın.
ı) Soğutulmuş sosis ve mantar dolgusunu dikdörtgenin bir kenarına, kenarlarda biraz boşluk kalacak şekilde yerleştirin.
i) Hamuru dolgunun üzerine yuvarlayın, ilerledikçe kenarlarını sıkıştırarak kütük şekli oluşturun.
j) Rulo strudel'i parşömen kağıdıyla kaplı bir fırın tepsisine yerleştirin.
k) Strudeli eritilmiş tereyağıyla yağlayın. İsteğe göre üzerine susam veya haşhaş tohumu serpebilirsiniz.
l) Önceden ısıtılmış fırında 25-30 dakika veya strudel altın rengi kahverengi olana ve tamamen pişene kadar pişirin.
m) Dilimlemeden önce Sosis ve Mantarlı Strudellerin hafifçe soğumasını bekleyin.

83.Mantar ve Kabak Strudel

İÇİNDEKİLER:
DOLGU İÇİN:
- 2 su bardağı mantar, ince dilimlenmiş
- 2 orta boy kabak (kabak), rendelenmiş
- 1 soğan, ince doğranmış
- 2 diş sarımsak, kıyılmış
- 1/2 bardak ricotta peyniri
- 1/4 su bardağı rendelenmiş parmesan peyniri
- 2 yemek kaşığı taze maydanoz, doğranmış
- 1 yemek kaşığı zeytinyağı
- Tatmak için tuz ve karabiber

STRUDEL HAMUR İÇİN:
- 2 fincan çok amaçlı un
- 1/2 bardak ılık su
- 1/4 su bardağı zeytinyağı
- Bir tutam tuz

MONTAJ İÇİN:
- 1/4 su bardağı eritilmiş tereyağı (fırçalamak için)
- Susam veya haşhaş tohumu (isteğe bağlı, üzeri için)

TALİMATLAR:
DOLGU İÇİN:
a) Fırını önceden 375°F'ye (190°C) ısıtın.
b) Bir tavada zeytinyağını orta-yüksek ateşte ısıtın. Doğranmış soğanı ve kıyılmış sarımsağı ekleyin. Yumuşayıncaya kadar soteleyin.
c) Dilimlenmiş mantarları tavaya ekleyin ve suyunu çekene kadar pişirin.
ç) kabakları (kabak) karıştırın ve yumuşayana kadar birkaç dakika pişirin. Gerekirse fazla nemi giderin.
d) Bir kapta sotelenmiş mantar ve kabak karışımını ricotta peyniri, rendelenmiş Parmesan, kıyılmış maydanoz, tuz ve karabiberle birleştirin. İyice karıştırın. Doldurmanın soğumasına izin verin.

STRUDEL HAMUR İÇİN:
e) Bir kapta un ve tuzu birleştirin. Ortasını havuz gibi açıp ılık su ve zeytinyağını ekleyin.

f) Bir hamur oluşana kadar karıştırın. Hamuru unlu bir yüzeyde pürüzsüz ve elastik hale gelinceye kadar yoğurun.
g) Hamuru nemli bir bezle örtüp yaklaşık 30 dakika dinlendirin.

TOPLANTI:

ğ) Fırını önceden 375°F'ye (190°C) ısıtın.
h) Hamuru unlanmış bir yüzeyde büyük bir dikdörtgen şeklinde açın.
ı) Soğutulmuş mantar ve kabak dolgusunu dikdörtgenin bir kenarına, kenarlarda biraz boşluk kalacak şekilde yerleştirin.
i) Hamuru dolgunun üzerine yuvarlayın, ilerledikçe kenarlarını sıkıştırarak kütük şekli oluşturun.
j) Rulo strudel'i parşömen kağıdıyla kaplı bir fırın tepsisine yerleştirin.
k) Strudeli eritilmiş tereyağıyla yağlayın. İsteğe göre üzerine susam veya haşhaş tohumu serpebilirsiniz.
l) Önceden ısıtılmış fırında 25-30 dakika veya strudel altın rengi kahverengi olana ve tamamen pişene kadar pişirin.
m) Mantar ve Kabak Strudel'in hafifçe soğumasını bekleyin.

84.Mantarlı Turta

İÇİNDEKİLER:

- 2 arpacık soğan, doğranmış
- ½ bardak beyaz şarap
- 8 ons crimini, dilimlenmiş
- 8 ons shiitake, dilimlenmiş
- 1 ½ bardak ağır krema
- ½ çay kaşığı kekik, taze
- Tatmak için tuz ve karabiber
- 1 yumurta, dövülmüş
- 12 adet 4 inçlik puf böreği kareleri

TALİMATLAR:

a) Şarap buharlaşana kadar mantarları ve arpacık soğanı şarapta pişirin. Krema, kekik ve tuz ve karabiberi ekleyin.

b) Yarısına kadar azaltın ve birkaç saat veya krema sertleşene kadar soğutun. Hamurun içine 1 çay kaşığı mantar karışımını dökün, katlayın ve yumurta akı ile fırçalayın.

c) Fırında yaklaşık 8-12 dakika veya altın rengi kahverengi olana kadar pişirin. Kalan mantar karışımını ısıtın ve strudel ile servis yapın.

DAHA FAZLA KAPALI YEMEK

85. Peynir ve Mantar Dolgulu Bonfile Krutaları

İÇİNDEKİLER:

HASTALIKLAR İÇİN:
- 1/2 inçlik turlara dilimlenmiş 1 baget
- Fırçalamak için zeytinyağı
- Tatmak için tuz ve karabiber

DANA bonfile için:
- 1 lb. dana bonfile, ince doğranmış
- 2 yemek kaşığı zeytinyağı
- 2 diş sarımsak, kıyılmış
- 1 çay kaşığı kurutulmuş kekik
- Tatmak için tuz ve karabiber

MANTAR VE KEÇİ PEYNİRİ DOLGUSU İÇİN:
- 2 su bardağı mantar, ince doğranmış
- 2 yemek kaşığı tereyağı
- 1 küçük soğan, ince doğranmış
- 2 diş sarımsak, kıyılmış
- 4 ons keçi peyniri
- Tatmak için tuz ve karabiber
- Kıyılmış taze maydanoz (süslemek için)

TALİMATLAR:

HASTALIKLAR İÇİN:
a) Fırını önceden 375°F'ye (190°C) ısıtın.
b) Baget dilimlerini fırın tepsisine yerleştirin. Her dilime zeytinyağı sürün ve üzerine tuz ve karabiber serpin.
c) Önceden ısıtılmış fırında 8-10 dakika veya dilimler altın kahverengi ve gevrek oluncaya kadar pişirin. Bir kenara koyun.

DANA bonfile için:
ç) Bir tavada zeytinyağını orta-yüksek ateşte ısıtın. Kıyılmış sarımsağı ekleyip kokusu çıkana kadar soteleyin.
d) İnce doğranmış dana bonfileyi tavaya ekleyin. Kurutulmuş kekik, tuz ve karabiberle tatlandırın.
e) Sığır etinin her tarafı kızarana kadar pişirin. Isıdan çıkarın ve bir kenara koyun.

MANTAR VE KEÇİ PEYNİRİ DOLGUSU İÇİN:

f) Aynı tavada orta ateşte tereyağını eritin. Doğranmış soğanları ekleyip yumuşayıncaya kadar soteleyin.
g) Tavaya doğranmış mantarları ve kıyılmış sarımsakları ekleyin. Mantarlar suyunu salıncaya kadar pişirin.
ğ) Tuz ve karabiber ile tatlandırın. Keçi peynirini karıştırın ve karışım iyice birleşene kadar pişirin . Ateşten alın.

TOPLANTI:
h) Her bir krostanın içine az miktarda mantar ve keçi peyniri dolgusunu kaşıkla dökün.
ı) Her bir krostanın üzerine sotelenmiş dana bonfilenin bir kısmını ekleyin.
i) Kıyılmış taze maydanozla süsleyin.

86.Viski Sosis Ruloları

İÇİNDEKİLER:

- 1 lb kahvaltı sosisi
- 1/4 bardak viski
- 1/4 bardak ekmek kırıntısı
- 1/4 su bardağı kıyılmış maydanoz
- 1 çay kaşığı sarımsak tozu
- Tatmak için biber ve tuz
- 1 yaprak puf böreği, çözülmüş

TALİMATLAR:

a) Fırınınızı 200°C'ye (400°F) önceden ısıtın.
b) Bir karıştırma kabında kahvaltılık sosis, viski, galeta unu, maydanoz, sarımsak tozu, tuz ve karabiberi birleştirin.
c) Milföy hamurunu unlanmış bir yüzeyde açın ve 8 eşit dikdörtgene kesin.
ç) Sosis karışımını 8 parçaya bölün ve her birine sosis şekli verin.
d) Her sosisi bir puf böreği dikdörtgeninin üzerine yerleştirin ve kenarlarını kapatacak şekilde yuvarlayın.
e) Sosis rulolarını bir fırın tepsisine yerleştirin ve 20-25 dakika veya altın rengi kahverengi olana ve tamamen pişene kadar pişirin.
f) Sıcak servis yapın.

87.Mango Ve Sosis Fırıldaklar

İÇİNDEKİLER:

- 500 gr sosis kıyması
- 36 yaprak körpe ıspanak
- 185 gr mango biber turşusu
- 1 soğan küçük ince doğranmış
- 1 çay kaşığı Fas baharatı isteğe bağlı
- 1 tutam tuz ve karabiber
- 3 yaprak milföy hamuru
- 1 yemek kaşığı süt

TALİMATLAR:

a) Orta boy bir kapta soğan, mango turşusu, sosis kıyması, tuz, karabiber ve Fas baharatlarını birleştirin.

b) Hamur tabakalarının üzerine, uzak ucunda küçük bir boşluk kalacak şekilde yayın.

c) Eti bir kat bebek ıspanak yaprağıyla kaplayın.

ç) Böreği en yakın kenarından yuvarlayın. Hamuru uzun bir sosis şekline getirmek için süte batırılmış bir hamur fırçasını uzak kenar boyunca gezdirin.

d) 12 dilime bölün ve yağlanmış tepsiye aralıklı olarak dizin.

e) 180 derecede 12-15 dakika pişene kadar pişirin.

88.Ton Balıklı Puf Böreği Fırıldaklar

İÇİNDEKİLER:

- 1 yaprak puf böreği
- 2 çay kaşığı sızma zeytinyağı
- 1 orta boy kahverengi/sarı soğan, ince doğranmış
- İyi süzülmüş, yağda 6,5 ons konserve ton balığı
- ⅓ su bardağı kaşar peyniri, rendelenmiş
- 3 yemek kaşığı düz yapraklı maydanoz, ince doğranmış
- 1 çay kaşığı limon kabuğu rendesi
- ¼ çay kaşığı acı biber
- deniz tuzu ve taze çekilmiş karabiber

TALİMATLAR:

a) Fırınınızı önceden 200 derece C'ye ısıtın.
b) Pişirme kağıdıyla bir fırın tepsisi hazırlayın.
c) Milföy hamurunu dondurucudan çıkarın ve buzunu çözün.
ç) işlerini çözdükten sonra soğumaya devam etmek için buzdolabına geri koyun .
d) Soğanınızı ince ince doğrayın ve zeytinyağında yaklaşık 8-10 dakika veya hafif karamelize olana kadar hafifçe kızartın . Soğuması için bir kenara koyun.
e) Ton balığı konservesini boşaltın ve orta boy bir kaseye ekleyin. Büyük parçaları parçalamak için ezin.
f) Pişmiş soğanı ve kalan malzemeleri ton balığına ekleyin ve iyice karıştırarak birleştirin.
g) Gerekirse daha fazla tuz, karabiber veya limon kabuğu rendesi ekleyerek baharatın damak tadınıza uygun olup olmadığını kontrol edin.
ğ) Ton balıklı karışımınızı hamurun üzerine dökün. Hamurun kenarında küçük bir boşluk bıraktığınızdan emin olarak karışımı eşit şekilde dağıtın.
h) Bir kaşık veya plastik spatulanın arkasını kullanarak karışımın üzerine bastırarak sıkıştırın.
ı) Böreği size en yakın ucundan yavaş yavaş sarmaya başlayın. Rulonun sonuna gelene kadar mümkün olduğu kadar sıkı tutarak makul derecede sıkı bir şekilde ileri doğru yuvarlanmaya devam edin.

i) Milföy hamurunu sertleşmesi için yaklaşık 15 dakika buzdolabına koyun.
j) Tırtıklı bir bıçak kullanarak uçlarını kesin ve atın.
k) Daha sonra aynı bıçağı kullanarak fırıldak parçasını yaklaşık 1,5 cm (½") kalınlığında dilimleyin.
l) Fırıldaklarınızı fırın tepsisine yerleştirin. Karışımın bir kısmı dökülürse yavaşça geri itin.
m) 15-20 dakika veya altın rengi kahverengi olana ve hamur işi tamamen pişene kadar pişirin.
n) Fırından sıcak servis yapın veya oda sıcaklığına soğumaya bırakın.

89.Hamakta Küçük Domuzlar

İÇİNDEKİLER:
- 1 paket (17,3 ons) dondurulmuş puf böreği, çözülmüş
- 3 yemek kaşığı çekirdeksiz ahududu reçeli
- 1 yemek kaşığı Dijon hardalı
- 1 yuvarlak (8 ons) Camembert peyniri
- 18 minyatür tütsülenmiş sosis
- 1 büyük yumurta
- 1 yemek kaşığı su

TALİMATLAR:
a) Fırını önceden 425 ° F'ye ısıtın. Milföy hamurunu açın ve her hamurdan 9 kare kesin. İki üçgen oluşturmak için her kareyi çapraz olarak dilimleyin.

b) Hardalı ve reçeli küçük bir kapta birleştirin, iyice karıştırın. Karışımı üçgenlerin üzerine yayın. Peyniri çapraz olarak ikiye bölün; daha sonra her yarımı dokuz parçaya bölün.

c) Her pasta üçgeninin üzerine bir dilim peynir ve bir sosis koyun. Hamurun kenarlarını sosis ve peynirin üzerine çekin ve kenarları birbirine bastırarak kapatın.

ç) Parşömen kağıdıyla kaplı fırın tepsisine hamurları dizin. Küçük bir kasede su ve yumurtayı çırpın ve hamurları yumurta yıkama karışımıyla fırçalayın.

d) Altın kahverengi olana kadar 15 ila 17 dakika pişirin.

90. Puf Böreği Sosis Ruloları

İÇİNDEKİLER:
- 1 yaprak puf böreği, çözülmüş
- 4 sosis bağlantısı, muhafazaları çıkarılmış
- 1 yumurta, dövülmüş

TALİMATLAR:
a) Fırını 200°C'ye (400°F) önceden ısıtın.
b) Hafifçe unlanmış bir yüzeyde, puf böreğini yaklaşık 1/4 inç kalınlığa kadar açın.
c) Sosis etini 4 eşit parçaya bölün ve her parçayı kütük haline getirin.
ç) Her sosis kütüğünü puf böreğinin üzerine yerleştirin ve puf böreğini sosis kütüğünün etrafında yuvarlayın, kenarları birbirine bastırarak kapatın.
d) 5. Her sosis rulosunu 4 eşit parçaya kesin.
e) Sosis rulolarını parşömen kağıdıyla kaplı bir fırın tepsisine yerleştirin.
f) Her sosis rulosunu çırpılmış yumurta ile fırçalayın.
g) Altın kahverengi olana ve sosis tamamen pişene kadar 20-25 dakika pişirin.
ğ) Sıcak servis yapın.

91. Milföy Böreği ile Otlu Dana Yahni

İÇİNDEKİLER:

- 1 pound sığır eti güveç eti, 1 inç küpler halinde kesilmiş
- 1 yemek kaşığı kanola yağı
- 1 inçlik parçalar halinde kesilmiş 3 orta boy havuç
- 1 ila 2 orta boy kırmızı patates, 1 inçlik parçalar halinde kesilmiş
- 1 su bardağı dilimlenmiş kereviz (1/2-inç parçalar)
- 1/2 su bardağı doğranmış soğan
- 1 diş sarımsak, kıyılmış
- 2 kutu (her biri 10-1/2 ons) yoğunlaştırılmış et suyu, seyreltilmemiş
- 1 kutu (14-1/2 ons) doğranmış domates, süzülmemiş
- 1 çay kaşığı kurutulmuş maydanoz gevreği, kekik ve mercanköşk
- 1/4 çay kaşığı biber
- 2 adet defne yaprağı
- 1 su bardağı küp küp soyulmuş balkabağı
- 3 yemek kaşığı çabuk pişirilen tapyoka
- 1 ila 2 paket (her biri 17,3 ons) dondurulmuş puf böreği, çözülmüş
- 1 yumurta sarısı
- 1/4 bardak ağır krem şanti

TALİMATLAR:

a) Hollanda fırınında yağda kahverengi sığır eti; gerilmek. Baharatları, domatesleri, et suyunu, sarımsağı, soğanı, kerevizi, patatesleri ve havuçları karıştırın.

b) Onu kaynat. Isıyı azaltın , et neredeyse yumuşayana kadar yaklaşık 1 saat boyunca bir kapakla pişirin. Defne yapraklarını çıkarın. Tapyoka ve kabağı karıştırın , tekrar kaynatın . 5 dakika pişirin. Ateşten alıp 10 dakika soğumaya bırakın.

c) Bu arada, hafifçe un serpilmiş bir yüzeyde, puf böreğini 1/4 inç kalınlığa kadar açın. 10 oz'luk ile. Bir desen için ramekin çapından yaklaşık 1 inç daha büyük olan 6 hamur dairesini kesin .

ç) Sığır eti karışımını 6 adet yağlanmış 10 oz'luk içine doldurun. ramekinler; her birinin üstüne bir pasta çemberi koyun. Hamuru ramekinlerin kenarlarına kapatın , her bir hamurdaki yarıkları kesin. İstersiniz hamur artıklarından 30 şerit kesin.

d) Şeritleri bükün, her bir ramekin üzerine 5 şerit koyun. Kenarlarını sıkıştırarak kapatın. Krema ve yumurta sarısını karıştırıp üstlerine sürün.

e) Bir çerez kağıdına koyun. 400° sıcaklıkta altın rengi kahverengi olana kadar, yaklaşık 30-35 dakika pişirin. Yemekten önce 5 dakika bekletin.

92.Harissa yoğurtlu kuzu sosisli rulo

İÇİNDEKİLER:
- 2 Yemek kaşığı sızma zeytinyağı
- 1 beyaz soğan, ince doğranmış
- 3 diş sarımsak, ezilmiş
- 1 Yemek kaşığı ince kıyılmış biberiye
- 1 çay kaşığı kimyon tohumu (ezilmiş) artı ekstra
- 500 gr kuzu kıyma
- 3 yaprak dondurulmuş tereyağlı puf böreği, çözülmüş
- 1 yumurta, hafifçe çırpılmış
- 250 gr kalın Yunan usulü yoğurt
- 1/4 bardak (75g) harissa veya domates turşusu
- Servis için mikro nane (isteğe bağlı)

TALİMATLAR:
a) Fırını 200C'ye önceden ısıtın. Yağı bir kızartma tavasında orta ateşte ısıtın. Soğanı ekleyin ve yumuşayana kadar 3-4 dakika pişirin. Sarımsak, biberiye ve kimyonu ekleyip kokusu çıkana kadar 1-2 dakika pişirin. Ateşten alın, 10 dakika soğutun, ardından kıymayla birleştirin.

b) Karışımı hamur tabakaları arasında bölün ve bir kütük oluşturacak şekilde bir kenar boyunca yerleştirin. Hamurun son 3 cm'lik kısmını yumurta yıkamayla fırçalayarak kapatacak şekilde yuvarlayın. Hamuru kapatın ve kesin.

c) Pişirme kağıdıyla kaplı bir fırın tepsisine, dikiş tarafı aşağı bakacak şekilde yerleştirin ve 10 dakika dondurun. Bu onların dilimlenmesini kolaylaştıracaktır.

ç) Her ruloyu 4'e bölüp tepsiye bırakın. Üzerine yumurta sarısı sürün ve ekstra kimyon tohumu serpin. 30 dakika kadar veya hamur işi altın rengi oluncaya ve rulolar tamamen pişene kadar pişirin.

d) Harissa'yı yoğurdun içine sokun ve üzerine nane serpilmiş sosis rulolarıyla servis yapın.

93. Lübnan Usulü Çömlek Böreği

İÇİNDEKİLER:

- 3 Yemek kaşığı ezilmiş sarımsak
- 1/4 su bardağı ufalanmış otlu beyaz peynir
- 1 yumurta sarısı
- 1 dondurulmuş puf böreği tabakası, çözülmüş, ikiye kesilmiş
- 2 su bardağı doğranmış taze ıspanak
- 2 kemiksiz derisiz tavuk göğsü yarısı
- 2 yemek kaşığı fesleğen pesto
- 1/3 bardak doğranmış güneşte kurutulmuş domates

TALİMATLAR : s

a) Başka bir şey yapmadan önce fırınınızı 375 derece F'ye ayarlayın.

b) Tavuk göğüslerini bir cam tabakta ezilmiş sarımsak ve yumurta sarısı karışımıyla kaplayın, ardından üzerini plastik bir örtüyle örtün ve bu tavuk göğüslerini en az dört saat buzdolabında saklayın.

c) Böreğin yarısının ortasına ıspanağın yarısını koyun, üzerine 1 parça tavuk göğsü koyun, üzerine 1 yemek kaşığı pesto, güneşte kurutulmuş domates, beyaz peynir ve kalan ıspanağı ekleyin.

ç) Hamurun diğer yarısıyla üzerini kapatın.

d) Kalan göğüs parçaları için aynı adımları tekrarlayın.

e) Bütün bunları bir fırın tepsisine yerleştirin.

f) Önceden ısıtılmış fırında yaklaşık 40 dakika veya tavuklar yumuşayana kadar pişirin.

g) Sert.

94.Sebzeli Turta

İÇİNDEKİLER:

- 1 yaprak puf böreği
- 2 bardak karışık sebze, çözülmüş
- 1 kutu yoğunlaştırılmış kremalı mantar çorbası
- 1/2 su bardağı süt
- Tuz ve biber

TALİMATLAR:

a) Fırını 200°C'ye (400°F) önceden ısıtın.
b) Bir kapta karışık sebzeleri, yoğunlaştırılmış çorbayı, sütü, tuzu ve karabiberi karıştırın.
c) Milföy hamurunu hafifçe unlanmış bir yüzeyde açın ve bir fırın tepsisine yerleştirin.
ç) Sebze karışımını hamur işinin içine dökün ve kenarlarını kapatacak şekilde kıvırarak başka bir hamur işi tabakasıyla örtün.
d) 30-35 dakika veya hamur işi altın rengi kahverengi olana kadar pişirin.

95.Ispanaklı ve Pestolu Açık Börek

İÇİNDEKİLER:
- 2 (12 oz.) derisiz, kemiksiz somon filetosu
- tatmak için terbiyeli tuz
- 1/2 çay kaşığı sarımsak tozu
- 1 çay kaşığı soğan tozu
- 1 (17,25 oz.) paket dondurulmuş puf böreği, çözülmüş
- 1/3 bardak pesto
- 1 (6 oz.) paket ıspanak yaprağı

TALİMATLAR : s

a) Başka bir şey yapmadan önce fırınınızı 375 derece F'ye ayarlayın.

b) Somonu bir kenara koymadan önce tuz, soğan tozu ve sarımsak tozu karışımıyla kaplayın.

c) Şimdi ıspanakınızın ½'sini iki ayrı milföy hamuru arasına yerleştirin, daha fazlasını ortasına koyun ve pesto ve kalan ıspanağı yerleştirmeden önce her birinin ortasına somon filetoyu yerleştirin.

ç) Kenarlarını suyla ıslatıp katlayın.

d) Bunu önceden ısıtılmış fırında yaklaşık 25 dakika pişirin.

e) Sakin ol.

f) Sert.

96.Burekalar

İÇİNDEKİLER:
- 1 lb / 500 g en kaliteli, tamamen tereyağlı puf böreği
- 1 büyük serbest gezinen yumurta, dövülmüş

RICOTTA DOLGU
- ¼ su bardağı / 60 gr süzme peynir
- ¼ bardak / 60 gr ricotta peyniri
- ⅔ su bardağı / 90 ufalanmış beyaz peynir
- 2 çay kaşığı / 10 gr tuzsuz tereyağı, eritilmiş

PECORİNO DOLGU
- 3½ yemek kaşığı / 50 gr ricotta peyniri
- ⅔ su bardağı / 70 gr rendelenmiş eski pecorino peyniri
- ⅓ su bardağı / 50 gr rendelenmiş eski kaşar peyniri
- 1 pırasa, 2 inç / 5 cm'lik parçalar halinde kesilmiş, yumuşayana kadar beyazlatılmış ve ince doğranmış (¾ bardak / toplam 80 g)
- 1 yemek kaşığı kıyılmış düz yapraklı maydanoz
- ½ çay kaşığı taze çekilmiş karabiber

TOHUMLAR
- 1 çay kaşığı çörek otu tohumu
- 1 çay kaşığı susam
- 1 çay kaşığı sarı hardal tohumu
- 1 çay kaşığı kimyon tohumu
- ½ çay kaşığı şili gevreği

TALİMATLAR:
a) Hamuru her biri ⅛ inç / 3 mm kalınlığında 12 inç / 30 cm'lik iki kareye açın. Hamur yapraklarını parşömen kaplı bir fırın tepsisine (üst üste gelebilecek şekilde, aralarında bir parşömen kağıdı olacak şekilde) yerleştirin ve buzdolabında 1 saat bekletin.

b) malzemesi setini ayrı bir kaseye yerleştirin. Karıştırın ve bir kenara koyun. Bütün tohumları bir kapta karıştırın ve bir kenara koyun.

c) Her hamur tabakasını 4 inç / 10 cm kareler halinde kesin; Toplamda 18 kare almalısınız. İlk iç malzemeyi karelerin yarısına eşit şekilde paylaştırın ve her karenin ortasına kaşıkla dökün. Her karenin bitişik iki kenarını yumurtayla fırçalayın ve ardından kareyi ikiye katlayarak bir üçgen oluşturun. Havayı dışarı itin ve yanları sıkıca birbirine sıkıştırın. Kenarlarını çok iyi bastırmalısınız ki pişirme esnasında açılmasınlar.

Kalan hamur kareleri ve ikinci dolgu ile tekrarlayın. Parşömen kaplı bir fırın tepsisine yerleştirin ve sertleşmesi için en az 15 dakika buzdolabında soğutun. Fırını önceden 425°F / 220°C'ye ısıtın.

ç) Her bir hamurun iki kısa kenarını yumurtaya sürün ve bu kenarları tohum karışımına batırın; Oldukça baskın oldukları için ihtiyaç duyulan tek şey sadece ⅙ inç / 2 mm genişliğinde küçük bir miktar tohumdur. Her bir hamur işinin üstünü de bir miktar yumurta ile yağlayın, tohumlardan kaçının.

d) Hamur işlerinin yaklaşık 1¼ inç / 3 cm aralıklı olduğundan emin olun. Her tarafı altın rengi kahverengi olana kadar 15 ila 17 dakika pişirin. Sıcak veya oda sıcaklığında servis yapın. Pişirme sırasında hamurun bir kısmı hamur işlerinden dışarı dökülürse, ellenecek kadar soğuduğunda yavaşça tekrar doldurun.

97.Biftek Turtası

İÇİNDEKİLER:

- 1 1/2 pound dana bonfile, küçük parçalar halinde kesilmiş
- 1/4 su bardağı un
- 1 çay kaşığı tuz
- 1/2 çay kaşığı karabiber
- 3 yemek kaşığı tereyağı
- 1 su bardağı et suyu
- 1 su bardağı dilimlenmiş mantar
- 1/2 su bardağı doğranmış soğan
- 1/2 su bardağı doğranmış kereviz
- 1/2 su bardağı doğranmış havuç
- 2 yemek kaşığı kıyılmış taze maydanoz
- 1/2 çay kaşığı kurutulmuş kekik
- 1/4 çay kaşığı kurutulmuş biberiye
- 1 yaprak puf böreği
- 1 yumurta, dövülmüş

TALİMATLAR:

a) Fırını önceden 400°F'ye ısıtın.
b) Büyük bir kapta un, tuz ve karabiberi karıştırın. Sığır parçalarını ekleyin ve un karışımıyla kaplanana kadar karıştırın.
c) Tereyağını büyük bir tavada orta-yüksek ateşte eritin. Eti ekleyin ve her tarafı kızarana kadar pişirin.
ç) Tavaya et suyu, mantar, soğan, kereviz, havuç, maydanoz, kekik ve biberiyeyi ekleyin. Kaynamaya bırakın, ardından ısıyı azaltın ve sebzeler yumuşayana ve sos koyulaşıncaya kadar 10-15 dakika pişirin.
d) Milföy hamurunu hafifçe unlanmış bir yüzeyde açın ve 9 inçlik bir pasta tabağını hizalamak için kullanın. Pastayı sığır eti karışımıyla doldurun.
e) Hamurun kenarlarını çırpılmış yumurta ile yağlayın. Pastanın üstünü kalan hamur işiyle kaplayın, kenarlarını kıvırarak kapatın.
f) Kalan çırpılmış yumurtayı hamurun üst kısmına fırçalayın.
g) Önceden ısıtılmış fırında 30-35 dakika, hamur altın rengi oluncaya kadar pişirin.

98. Avustralyan Pie Floater

İÇİNDEKİLER:
- 1 büyük kahverengi soğan, ince doğranmış
- 2 yemek kaşığı bitkisel yağ
- 1 pound yağsız ince doğranmış veya kıyma
- 3/4 bardak sığır eti veya sebze suyu
- 1 yemek kaşığı mısır nişastası
- Bir tutam tuz
- Bir tutam biber
- 2 yaprak dondurulmuş pasta hamuru
- 2 yaprak dondurulmuş puf böreği
- 4 su bardağı et suyu
- 2 çay kaşığı bikarbonat soda
- 1 pound kurutulmuş yeşil bezelye, gece boyunca üzerini kaplayacak kadar suya batırılmış
- 1 çay kaşığı karbonat

TALİMATLAR:

a) Bir gece önce bezelyeleri derin bir tencereye koyun, üzerini kabartma tozuyla karıştırılmış suyla doldurun ve gece boyunca bekletin . Pişirmeye hazır olduğunuzda boşaltın.
b) Fırını 450°F'ye önceden ısıtın.
c) Bir tencerede soğanları az yağda soteleyin. Dana etini ekleyip kavurun.
ç) Et suyunu, çeşnileri ve mısır nişastasını ekleyin. Yaklaşık beş dakika kadar kalın bir sos oluşuncaya kadar mısır nişastasını da ekleyerek orta ateşte pişirin .
d) 3 × 6 inçlik pasta tepsisini yağlayın . Tavaların tabanlarını ve yanlarını hizalamak için pasta hamurundan 3 × 7 inçlik daireler kesin. Sığır eti ve sos karışımıyla doldurun. Jantları suyla fırçalayın.
e) Puf böreğinden 3 × 7 inçlik daireler kesin. Etin üzerine yerleştirin. Mühürlemek için basın. Kırp. Turtaları sıcak tepsiye yerleştirin.
f) Önceden ısıtılmış fırında 20-25 dakika veya altın rengi oluncaya kadar pişirin.
g) Turtalar pişerken bezelye sosunu hazırlayın.
ğ) Kirlerden kurtulmak için rehidre edilmiş bezelyeleri yıkayın ve bir çay kaşığı karbonat ve et suyuyla birlikte bir tencereye koyun.
h) Kaynatın ve bezelyeler iyice yumuşayana kadar pişirin.
ı) Bezelye ve et suyu karışımını kalın çorba kıvamına gelinceye kadar ezin veya püre haline getirin.
i) bezelye sosunu dökün ve üzerine sıcak pastayı yerleştirin.
j) Dört turta yapar.

99.Biftek ve soğanlı turta

İÇİNDEKİLER:
- 2 yemek kaşığı zeytinyağı
- 2 x 600g dana yanağı, sinirleri kesilmiş
- 1 büyük soğan, dilimler halinde kesilmiş
- 2 diş sarımsak, ezilmiş
- 125 ml kırmızı şarap
- 1 litre et suyu
- 2 dal biberiye
- 1 x 320g paket (1 sayfa) mağazadan satın alınan puf böreği
- 1 küçük parça tereyağı
- tuz ve taze çekilmiş karabiber
- Süslemek için 1 sap kereviz, ince doğranmış
- süslemek için kereviz yaprakları
- süslemek için nasturtium yaprakları

TATLI DOMATES LEZZETİ İÇİN
- 250 gr olgun domates
- ½ kırmızı soğan, ince doğranmış
- 1 çay kaşığı zeytinyağı
- 1 diş sarımsak, ince doğranmış
- ¼ çay kaşığı kurutulmuş pul biber
- ½ çay kaşığı domates salçası veya püresi
- 1 yemek kaşığı esmer şeker
- 1 yemek kaşığı kırmızı şarap sirkesi

DUMANLI SOĞAN İÇİN
- 1 çay kaşığı zeytinyağı
- 4 arpacık uzunlamasına ikiye kesilmiş
- 125ml elma sirkesi
- 1 yemek kaşığı pudra şekeri

TALİMATLAR:
a) Tatlı domates tadı için, küçük bir bıçak kullanarak her domatesin alt kısmında sığ bir çarpı işareti kesin. Domatesleri geniş bir kaseye koyun, üzerini kaynar suyla örtün ve 30 saniye bekletin, ardından domatesleri hemen buzlu su dolu bir kaseye aktarın. Domatesleri soyun ve bir kenara koyun. Soğuyan domatesleri dörde bölün , iç

zarlarını ve çekirdeklerini çıkarıp atın ve etini küçük parçalar halinde doğrayın.

b) Domatesler soğurken orta boy bir tencereyi orta ateşte koyun. Soğanı ve zeytinyağını ekleyip 4-6 dakika, yumuşayıp rengi değişene kadar pişirin. Sarımsak ve pul biberi ekleyip bir dakika daha pişirin. Domates salçasını veya püresini ekleyip 2 dakika karıştırın, ardından şekeri ve sirkeyi ekleyin. Domatesleri tencereye ekleyin ve karışımı iyice karıştırın. Kaynamaya bırakın, ardından ısıyı orta-düşük seviyeye indirin. Karışım koyulaşıp topaklaşana kadar ara sıra karıştırarak 8-10 dakika pişirin. Tuz ve karabiberle tatlandırın ve hafifçe soğumaya bırakın.

c) Soğuduktan sonra karışımı bir çubuk blender ile karıştırın veya bir sıvılaştırıcıya aktarın ve pürüzsüz bir macun oluşturmak için nabız atın. Servis yapmaya hazır olana kadar çıkarın ve bir kenara koyun.

ç) Dumanlı ekşili soğanları yapmak için, zeytinyağını küçük bir tavaya orta-yüksek ateşte koyun ve yağı tuzla tatlandırın. Soğanları kesilmiş tarafı aşağı gelecek şekilde kızartma tavasının etrafına eşit bir tabaka halinde yerleştirin.

d) 4-6 dakika veya hafifçe kömürleşene kadar pişirin, ardından ısıyı en aza indirin ve sirke ve şekeri ekleyin. Kapağını kapatıp kısık ateşte 5 dakika daha pişirin, ardından ateşi kapatın ve soğanları sıvının içinde soğumaya bırakın. Servis yapmaya hazır olana kadar bir kenara koyun.

100.Jambonlu ve Peynirli Puflar

İÇİNDEKİLER:
- 1 yaprak puf böreği, çözülmüş
- 1/2 bardak doğranmış jambon
- 1/2 su bardağı rendelenmiş kaşar peyniri
- 1 yumurta, dövülmüş

TALİMATLAR:
a) Fırını 200°C'ye (400°F) önceden ısıtın.
b) Hafifçe unlanmış bir yüzeyde, puf böreğini yaklaşık 1/4 inç kalınlığa kadar açın.
c) Milföy hamurunu 9 eşit kareye kesin.
ç) Bir kapta doğranmış jambonu ve rendelenmiş kaşar peynirini karıştırın.
d) Her bir puf böreği karesine yaklaşık 1 çorba kaşığı jambon ve peynir karışımını kaşıkla dökün.
e) Milföy hamurlarının köşelerini yukarı ve dolgunun üzerine katlayın, kenarları birbirine bastırarak kapatın.
f) Her bir puf böreğinin üzerine çırpılmış yumurta sürün.
g) Altın kahverengi olana kadar 15-20 dakika pişirin.
ğ) Sıcak servis yapın.

ÇÖZÜM

En'in Gurme Sanatı" ile tamamlarken Croûte ", umarız sıradanlığın ötesine geçen zarif kaplı yemekler yaratmanın ve bu yemeklerle kendinizi şımartmanın zevkini deneyimlemişsinizdir. Bu sayfalardaki her tarif, kat kat hamur işi kozasının nefis dolgular oluşturduğu mutfak sanatı ile gastronomi zevkinin birleşiminin bir kanıtıdır . , bir lezzet senfonisi yaratıyor.

İster Beef Wellington'un klasik zarafetinden keyif almış olun , ister vejetaryen seçeneklerin yenilikçi dokunuşlarını keşfetmiş olun, ister kendi benzersiz çeşitlerinizi hazırlamış olun, bu 100 tarifin mutfak repertuarınızı yükselttiğine inanıyoruz. Mutfağın ötesinde Wellington ve En'in sanatı olabilir Croûte , yemeklerinizi duyulara hitap eden mutfak gösterilerine dönüştürerek bir ilham kaynağı haline gelir .

Mutfağınızdaki gurme olanaklarını keşfetmeye devam ederken, sanatsal kaplama ruhunun mutfak çalışmalarınızda daim olmasını dilerim . Her lokmanın "Wellington ve En Gurme Sanatı"nda bulunan gurme sanatının bir kutlaması olduğu zarif yemekler yaratmanın ve tadını çıkarmanın keyfine varın . Croûte ." Mutfak deneyiminizi yeni boyutlara taşıdığınız için şerefe!

www.ingramcontent.com/pod-product-compliance
Lightning Source LLC
Chambersburg PA
CBHW071313110526
44591CB00010B/874